決定版！

実戦で役立つ
グラウンド・ゴルフ

朝井正教 著

はじめに

　グラウンド・ゴルフは、多くの人々に愛される生涯スポーツとして愛好者の輪が広がっています。

　愛好者の中には、「グラウンド・ゴルフを始めたが、なかなかうまくならない」「我流の技術で一定のレベルからなかなか上達しない」「プレーの仕方は仲間から教えてもらったが、ルールがよくわからずプレー中の判断に困る」「ルールについて詳しく知りたい」など、さまざまな課題があるようです。また、これから始めようとする人の多くは、「早く仲間と同じレベルでプレーできるようになりたい」「ルールについて学んでおきたい」と思っているでしょう。しかし、技術やルールについて「仲間に聞くのは気が引ける」「誰に聞けば良いかわからない」など、困っている愛好者が多いと聞きます。

　グラウンド・ゴルフのプレーヤーであれば、誰もがうまくなりたいと思うのは当然のことです。大切なのは、基本的な技術の考え方を知る、課題を明確にして技術面の改善を行う、プレーに対する自分の考え方を持って日々のゲームや練習で実践する、自分に合う技術を定着させることです。同時に、ルールを正しく理解して守り、仲間から尊敬される真のプレーヤーを目指すことも大切です。

　本書では、グラウンド・ゴルフを楽しむための考え方や技術面でのアドバイスについて記しました。グラウンド・ゴルフの特徴は、①ボールが重く転びにくくできている、②1本のクラブで全てのパット、ショットをプレーする点で、この2つが技術面での上達に大きく影響します。これを踏まえ、グラウンド・ゴルフ独特の技術についてわかりやすく説明しています。連続写真や角度を変えた写真を掲載して、理想とするパットとショットを良くない場合と比較

しながら目で見て理解できるよう工夫しました。一歩踏み込んで、基本的な技術や改善方法も解説しています。また、用具を選ぶときの参考となる基礎知識、技術の上達と技術面の改善を目指すために必要な簡単にできる練習方法についても触れています。

　さらに、ルールの解説ではイラストを多用し、初心者にも理解しやすく、プレーに対応できるようにしました。プレーヤーが判断に困るケースを特に取り上げ、現代のルールにマッチするようわかりやすく解説しました。プレーヤーの皆さんが、本書を参考にして実践することにより、役立つことはもちろん、喜びを感じてもらえることを目指した一冊です。

　今や「人生100年時代」といわれる長寿社会が到来していますが、体力の衰えや健康上の問題で、仲間と一緒にグラウンド・ゴルフを楽しむことができなくなる可能性を誰もが抱えています。そうした場合でも、プレーをやめてしまうのではなく、家庭や身近な地域で継続して楽しむ方法を考えておきたいものです。

　本書が、皆さんが長く継続してグラウンド・ゴルフを楽しみながら、健康で充実した生活を送る一助となれば幸いです。

2020年8月吉日　　朝井正教

※本書の内容に関するお問い合わせは、筆者の朝井宛に郵送かFAXでお願いします。

朝井正教
　住所／〒682-0702　鳥取県東伯郡湯梨浜町橋津111
　FAX／0858-35-3935

はじめに … 002

第1章　狙った方向へボールを
　　　　真っ直ぐ打つパットをマスターしよう

1　理想とするパット … 010

2　パットの正しいスタンスの取り方 … 012

3　膝の動きを使い、クラブヘッドを直線上に移動させる … 014

4　パットの点検ポイント3つ … 018

　①テークバックでヘッドが直線上を移動しているか

　②インパクトの瞬間にヘッドとボールが直角に当たっているか

　③フォロースルーでヘッドが早く返っていないか

5　ホールポストまでの5mはパットと考える … 024

第2章　パットのイメージを大切にした
　　　　ショットをマスターしよう

1　理想とするショット … 028

2　パットの振り幅を大きくすればショットに！ … 030

3　スタンスの取り方とボールの位置 … 032

4　短距離ショットはパットの技術を使う … 034

5　ショットの距離を中距離に伸ばす … 036

6　長距離のショットにチャレンジ … 038

7 ショットの点検ポイント4つ … 040

①テークバックのとき、クラブが野球スイングのように斜めに動いていないか

②手首の返りが早くないか

③手打ちになっていないか

④腕打ちになっていないか

第3章　パットとショットで注意するポイント

1 パットとショットは体全体で … 052

2 膝の動きが最重要 … 060

3 距離を打ち分けるにはスタンスを変える … 064

4 手首を返すのは最後の最後と意識する … 066

5 クラブの振り幅を変えて打ち分ける … 068

第4章　ホールポストの攻め方

1 ホールポストに近づいたら … 076

①ホールポストの開いた方向からは、鈴を狙う

②ホールポストの脚を狙う

③距離を合わせたパットでホールインを狙う

2 2打でホールイン「トマリ」を目指す … 082

3 15mコースはホールインワンを狙う … 084

4 1打で50mコースに届かない人の攻め方 … 086

第5章　練習なくして上達なし

1 屋外の練習方法 … 090

①2mの距離でさまざまな角度からパット練習

②5mのパット練習

③目標に向けて真っ直ぐに打つショット練習

2 練習のすすめと意義 … 096

第6章　クラブの選び方とボールの選び方

1 クラブの選び方 … 102

①シャフトの長さはどこからどこまでか？

②身長によるシャフトの長さの選び方

③ボールの転び距離が出ない人のクラブの選び方

④シャフトはストレート（真っ直ぐ）なクラブが良い

⑤ヘッドが重いクラブとやや軽いクラブの違い

⑥滑らない握りやすいグリップが良い

⑦シャフトの差し込み角度とスイートスポット

⑧クラブの選び方のまとめ

2 ボールを選ぶポイント … 114

①ボールの特徴を知って選ぶことが大切

②芝コースに良いとされるボール

③ボールの転びすぎに対応した低反発ボール

第7章　自分に合った技術をつくり上げる

1 プレーの上達に必要なこと … 118

①プレーヤーの多くは何らかの課題や悩みを持っている

②なぜ、技術の上達を目指すのか

③技術の向上には基本を大切にした練習を

④なぜ、自宅での練習が大切か

⑤自分に合った技術を身につけるには

⑥グラウンド・ゴルフの目的を考えることが大切

2 屋内での練習方法 … 130

狙った方向へ真っ直ぐボールを打つ練習

第8章　グラウンド・ゴルフのルールと解説

1 グラウンド・ゴルフの理念 … 136

①ルールの策定と変遷

②生涯スポーツの考え方を大切に

③エチケットとマナーを重視

④ルール策定で重視したポイント

⑤ローカルルールの考え方と扱い

⑥皆が楽しくプレーするためには

2 ルールと解説 … 150

①エチケットに関するルールと解説

②ゲームに関するルールと解説

3 スコアと順位 … 180

①順位の決め方

②スコアの記入の仕方とトラブル防止法

③ホールインワンの処理

4 困ったときのQ&A … 186

①ボールを打つとき

②打順について

③ボールを打ったあと

④ボールとクラブの交換

⑤クラブの加工

⑥そのほかの判断

著者&モデル紹介 … 198

装丁・本文デザイン／1108GRAPHICS　　本文イラスト／齊藤　恵

写真／川口洋邦　　　　　　　　　　　　撮影協力／中谷希帆

協力／茨城県・境町ふれあいの里（グラウンド・ゴルフ場）

第1章

狙った方向へボールを真っ直ぐ打つパットをマスターしよう

· · ·

練習するならパットから。
パットが上達すれば、ショットもうまくなる！

1 理想とするパット

膝の動きに注目！　膝を動かすが、体の軸はブレない

1 左かかとの延長線上あたりにボールがくるように、肩幅よりやや狭く足を開いて構える

2 テークバックしてもボールから目を離さない。①〜④の写真を見ると帽子のロゴマークが動いていない

3 膝を移動させることにより、クラブヘッドが直線上を移動する

視線はボールから離さない

④ インパクトの瞬間はクラブヘッドの面がボールに直角に当たるように

⑤ テークバックしたラインをそのまま戻すようにクラブを移動させる。クラブの裏面が見えないのが理想

⑥ この時点でもクラブヘッドの裏面が少ししか見えていないので、ヘッドが直線的に移動していることがわかる

スタンスは力を抜き、リラックスして！

基本のスタンス

両腕は軽く伸ばして体のヨコにつけ、足幅は肩幅よりやや狭くする。腕、体、クラブを一体化させることで安定したパットができる。ボールは左かかとの延長線上あたりに置く。なぜならば、クラブヘッドを直線的に動かしやすいから。実際に行って試してみる

ボールを置く位置と足幅が大切

 ①良い例　正面

ボールの位置が左か
かとの延長線上にある
と、クラブヘッドを直
線的に移動しやすく、
狙った方向へ正確な
パットができる

✕ ②悪い例　正面

ボールの位置が両脚
の中央にあると、腕や
手首だけで打つことに
なり、ヘッドが直線的
に移動しない

なぜ、膝の動きを使うのか?

膝を使っても体の軸は移動しない

①良い例　正面　　膝を写真のように動かせば、体もついてくる

②悪い例　正面　　手打ちや腕打ちはパットが不安定になる

膝を上手に使って体重移動し、正確なパットを目指す

パットのときにクラブヘッドを直線的に移動させるためには、膝の動きを
使ってうまく体重移動し、体全体で打つことが大切

グラウンド・ゴルフのボールは重く、反発力が弱いため、膝の動きを使わ
ずに手打ちや腕打ちになってしまうと、狙った方向にボールを転がせない

クラブヘッドを真っ直ぐテークバック

○③良い例　ヨコから　　写真②③直線的にテークバックしている

×④悪い例　ヨコから　　写真③曲線的にテークバックしているので、正確に打てない

体全体でパットし、スイートスポットでボールをヒット

ヘッドのスイートスポットでボールをとらえている

膝の動きをうまく使えず、腕打ちになっているため、スイートスポットをはずしている

①テークバックでヘッドが直線上を移動しているか

後方へ真っ直ぐテークバック

①良い例　　写真①と③のクラブヘッドと脚の間隔がほぼ同じ

テークバックで大切なのは、肩と両腕でつくられる三角形を保ちながら直線上にクラブを移動させること。そのためには、膝の動きをうまく使って体重移動することが必要になる

膝を上手に使うことをマスターしよう！

❌ ②悪い例

写真①と比べて③ではクラブヘッドと脚の間隔が狭くなっている

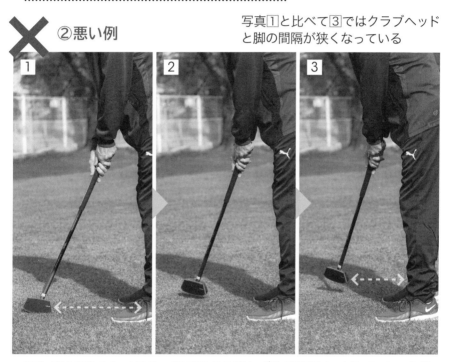

手先だけを動かしており、膝の動きを使わず体重移動もできていないため、クラブが直線上を移動していない。写真③の矢印幅が良い例と比べて狭くなっていることでわかる

②インパクトの瞬間にヘッドとボールが
　直角に当たっているか

クラブヘッドとボールが直角に当たることが基本

〇 ①良い例

インパクトでは、直角にヒットすれば、ボールを狙っ
た方向に転がすことができる。そのためには、正確
なスタンス、テークバック、膝の使い方を大切にす
ること

正確なスタンスを取り直線的なテークバックを行い、そして膝を柔らかく使って体全体でボールを打つことで、ヘッドとボールが直角に当たる理想のパットとなる

①良い例　正面

②悪い例　正面

ボールを置く位置が大切。かかと前方あたりに置くことも大切なポイントになる

手打ちや腕打ちになっていると、クラブのヘッドがボールに直角ではなく、写真のような角度で当たってしまう。こうなると、狙った方向にボールを転がすことができない

③フォロースルーでヘッドが早く返っていないか

ヘッド面を狙った方向へ向ける

①良い例

写真①から③までヘッドの先端しか見えない。
これはクラブが直線的に動いているため

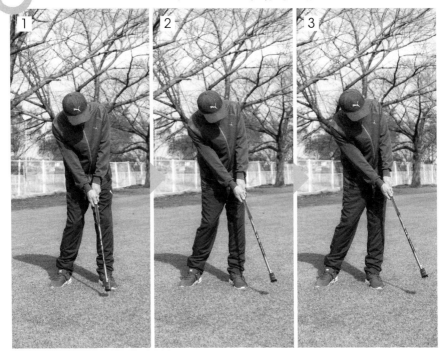

軽く膝を使い、体全体でボールを打っているので、ヘッドも最後まで返らずに正しいフォロースルーとなっている

ボールを打った時点でヘッドの裏が見えている

✕ ②悪い例　写真[1]から写真[3]へと進むにつれ、ヘッドの裏面が大きく見えるようになる。これは手首が早く返っているため

ボールを打ったあとに手首が早く返りすぎると、クラブヘッドも早く返ってしまい、ヘッドの裏面が大きく見えるようになる。これではボールが真っ直ぐ転ばない。膝を使わず、体全体でボールを打てていないことが、左ページの「良い例」と比べるとよくわかる。ボールを腕だけで打っている

パットの延長上にショットがある

5mのパット

1本のクラブで距離を打ち分けるグラウンド・ゴルフでは、ホールポストまでの距離に合わせてク ↗

10mのショット

ラブの振り幅、足幅、ショットの強さを調整する必要がある。ホールポストからの距離が5mくらいまではパットと考えて打つ。下写真の10mショットよりも、テークバックのときのクラブヘッドの振り上げを小さくし、ボールを打ったあとのフォロースルーも小さくする。これがグラウンド・ゴルフのパットとショットの難しさ

第2章

パットのイメージを大切にしたショットをマスターしよう

・ ・ ・

ショットは、パットの振り幅を大きくしたスイングである。
パットのイメージを大切に！

1 理想とするショット

大きくテークバックしても体の軸は移動しない。軸を一定に！

1 アドレスは、肩の力は抜き、背筋を伸ばして軽く前傾し、リラックスした姿勢で構える。膝は軽く曲げ、アゴを引いてボールを見る

2 テークバックは、右腰を後方に回転させながら、同時に肩を回転させ、右足に体重を移動させてクラブをしっかり後方へ引いていく。頭の位置は、ボールを見続けて移動させない

3 バックスイングは、打つ距離に合わせて、クラブヘッドを必要な高さまで後方に引き上げる。写真は30mショットのとき。左肩を右足の位置までしっかり移動させる感じで行うと良い。頭はずらさない

距離があると思って力んではダメ！

4 ダウンスイングで、クラブをアドレスの位置まで戻す。体重を左足に移動させながら肩の回転を誘導。クラブヘッドが遅れて戻ってくるような感じで

5 インパクトの瞬間は、グリップをしっかり握って、しっかりボールを見る。ボールを後ろから見るような感じで頭を残し、膝は軽く曲げたままで

6 フォロースルーは、ボールをしっかりとらえたあと、クラブを大きく振り出していく。腰を回転させながら、左足へとしっかり体重移動する

パットの振り幅を大きくすればショットに!

パットの振り幅だけを大きくすれば良いの?

パットの振り幅と足幅を大きくした打ち方がショット

パットの振り

ショットの振り

テークバックの高さとフォロースルーの高さは同じ

パットの振り幅と足幅を大きくすれば、そのままショットの振りになる。ア
ドレスから、テークバック、インパクト、フォロースルーの基本はパット
もショットも同じ

3 スタンスの取り方とボールの位置

なぜ、スタンスとボールの位置を変えるのか?

パットの基本を大切に

パットのスタンスとボールの位置

5mのパット

パットとショットではクラブヘッドの振り幅が変わるので、スタンス（足幅）とボールの位置を変える必要がある。また、ショットの場合は、安定したショットを打つために、足幅とボールを置く位置をさらに変えてクラブの振り幅を調整する（右ページを参照）

打つ距離によって足幅の広さを変える

ショットのスタンスとボールの位置

30mのショット

10mのショット

50mのショット

大きなスイングになるので、足幅をやや広くし、ショットを安定させる

ボールを置く位置は、パットと違って体のやや中心近くに置く

4 短距離ショットはパットの技術を使う

10m〜15mのショットを練習しよう

パットをやや大きくしたイメージで！

10m〜15mのショットの理想的な振り

パットの振り

短距離のショットは、パットの動きの延長上にあり、ボールを少しだけ強く打つイメージ。スタンスは肩幅程度に広げ、振り幅はやや大きめ。膝の動きもやや大きくして、全体としてクラブヘッドの軌道がパットよりやや大きくなるようにする、パットの動きと比較しながら練習してみよう

5 ショットの距離を中距離に伸ばす

25m〜30mのショットを練習しよう

あまり力まずにテークバックする

25m〜30mのショットの理想的な振り

力で振り下ろすのではなく、ヘッドの重さを利用する

中距離のショットは、足幅、振り幅、膝の動きが短距離のショットよりさらに大きくなる。足幅は肩幅程度で、振り幅は肩のラインまでテークバックするハーフスイング的にする。筋力などに個人差があるので、振り幅の大きさはどの程度がいいのかを練習で定着させる

6 長距離のショットにチャレンジ

50mのショットを練習しよう

パチッ！　インパクトの瞬間に集中

50mのショットの理想的な振り

50mショットでもヘッドを早く返してはいけない

写真4でもクラブヘッドが返っていない

長距離のショットは、短距離や中距離と比較して、さらに大きなスタンス幅、振り幅、膝の動きが必要。目標とする距離が50mになると、フルスイングに近いショットとなる。足幅は肩幅よりやや広めに開き、膝の動きを大きく使って、クラブの振り幅も大きくする。その際、力んだスイングにならないようにし、スムーズなスイングでヘッドの芯に当てることを心掛ける。そのためには、パットの基本的な技術が大切になる

①テークバックのとき、クラブが野球スイングの ように斜めに動いていないか

あくまでもパットの技術を大切に

❌ 悪い打ち方の例

テークバックのとき、野球のバットを振るように斜めにクラブを振り上げてはいけない。真っ直ぐ直線上に振り上げる

ボールをスイートスポットで正確に打てない

不安定なショットとなる

右側から見ると、バット
を構えるような形になっ
ていることが一目瞭然

②手首の返りが早くないか

典型的な手首打ちボールは左方向へ行く
....

✕ 悪い打ち方の例

手首の返りが早すぎると、右利きの場合はボールが左側に、左利きの場合
は右側に行ってしまう

写真④の時点でヘッドの裏が見えてはダメ

膝をほとんど使っていないため、手首の返りが早く、ボールをしゃくるように打つことになる。安定性がないショットとなってしまう

③手打ちになっていないか

最も不安定な打ち方なので改善しよう

✖ 悪い打ち方の例

手首を返すように打つと、ボールの方向や強さが不安定になり、転び距離を打ち分けることができなくなる。地面を打つなどのミスショットも多くなる。写真②③では腕がテークバックしない状態でクラブを上げている。手首と腕力でボールを打つことになり、正確なショットができない

第1章をモデルにして改善練習をしよう

写真5でヘッドの裏が見えている。そのため、ボールは左方向へ転んで行くことになる

④腕打ちになっていないか

腕打ちも、手打ちと同じで安定性を欠く

 悪い打ち方の例

腕の動きだけで打つと、手打ちと同様にボールの方向や強さが不安定になり、安定したショットができない。膝の動きを使って体全体で打つことが大切だ

基本を知り、練習で技術の改善を！

腕と手首の返りが早く、ボールがどの方向へ行くのかわからない。このような打ち方は、パットの基本を大切にした練習で改善する

第3章

パットとショットで
注意するポイント

・　・　・

全コースを1本のクラブでプレーするためには
距離を打ち分ける技術が重要

距離を打ち分けるパットとショットは、クラブの振り幅とスタンス（足幅）に注意し、体全体を使ってボールを打つことで安定します。

　ボールは、腕だけや手だけで打つのではなく、体全体を使って打つことが大切です。特に、グラウンド・ゴルフでは膝の使い方が大切になります。この打ち方が定着すれば、「強すぎたり」「弱すぎたり」といったムラがなくなり、安定したパットやショットを打てるようになります。

　グラウンド・ゴルフは、ゴルフのようにホール（穴）にボールを入れるスポーツではありません。直径36cmのサークル、3本の脚、鈴によってできたホールポストが、ゴルフのホールの役割を果たしています。ボールの軌道（コース）が良くても、ボールの勢いが強すぎるとホールポストを通過してしまいます。グラウンド・ゴルフでは、ボールをホールポストに入れるために、ボールのコースや距離を合わせるショットとパットの技術が必要になるのです。

難コースでもナイス寄せ！

グラウンド・ゴルフは腕打ちや手打ちでは絶対にダメ

○ 良いパット

1 足幅は肩幅よりやや狭く、両足に体重をのせる。背筋を伸ばしてやや前傾し、膝は軽く曲げ、両腕を軽く伸ばして構える

2 クラブを直線上に動かしながら、体を一体化して動かし始める

3 膝を使い、腕と体とクラブの動きを一体化させる。頭は動かさず、ボールを見たままで

この動きがパットとショットの距離を打ち分ける基本だ

ボールを腕や手だけで打つ、腕打ち手打ちは絶対にダメ。体全体を使って打つと、クラブを直線上に動かすことができてボールの軌道が安定する

4 クラブを直線上に戻してボールを打つ。ボールを直角にヒットする

5 ボールの転がる方向を見ても、手首を早く返さない。手首が返っていないから、ヘッドも返らない

6 打ったあと、クラブを自然に流す

パットの振り幅と足幅を変えて距離を打ち分ける

○ 良いショット

1 足幅は肩幅より広めで、両足に体重をのせる。背筋は伸ばしてやや前傾し、膝は軽く曲げてリラックスして構える

2 クラブと体の動きを一体化させ、体重を右足に移動しながらクラブを直線上に振り上げる

3 頭は動かさずにボールをよく見て、体重を左足に移しながらクラブを振り下ろす。力で打とうとせず、クラブヘッドの重さを利用し、スムーズに振り下ろす

ショットでも絶対に手首を早く返さない

4 インパクトの瞬間はクラブをしっかり握って打つ。手首を早く返さない。クラブヘッドも返っていない。パットと同じで、これが大切

5 ボールの転がる方向を見ながら、フォロースルーに入る

6 体重を左足に移す感じでフォロースルーする

ヘッドがホールポストの方向に向いていない

✕ 手打ちの悪いパット例

ホールポストに対して後方から

手打ちのため、クラブヘッドが曲線的に動いている

パットを手打ちすると、クラブの軌道が直線的にならず、ボールの転がる方向も曲がってしまう

ホールポスト側から

膝を使っていないので、ヘッドの返りが早い

❌ 手打ちの悪いショット例

正面から

ヘッドの返りが早く、狙った方向にボールが行かない

ショットを手打ちすると、クラブの軌道が定まらず、ボールの方向や強さが不安定になり、思った方向に安定した強さで打つことができない

ホールポストに対して後方から

2 膝の動きが最重要

パットとショットの決め手は膝の動き

膝の使い方の大きさはパットの距離に合わせて変える

パットの膝の動き

1 構えたときは、両足に体重をのせる

2 クラブをテークバックしながら、体重を右足に移動させる

3 テークバックの最高点では、ほぼ右足に体重をのせた状態になる

ホールポスト近くでは膝を小さく移動させる

正しい膝の動き。まとめとして再度復習し、マスターしよう

4 クラブを振り下ろすとともに、体重を両足に戻していく

5 インパクトの瞬間、体重を両足から左足へ

6 打ったあとは、体重を左足に移動させる

膝を上手に使い、体全体でテークバック

ショットの際の膝の動き

1 構えたときは、両足に体重をのせる

2 テークバックに入ったら、右足に体重を移動。同じく左膝も右方向へ移動

3 テークバックの最高点では、完全に右足に体重をのせた状態になる

膝を使いながらスムーズに体重移動

パットの動きを大きくしたスイングショット。基本は同じ

4 ダウンスイングに入ったら、体重を両足に戻していく。膝も同じように移動

5 インパクトの瞬間、体重を右足に。右足を踏ん張りながら、ボールをヒットする

6 フォロースルーでは、体重を左足に移動させる

基本のスタンスを復習的にイメージしよう

パットのスタンス

パットとショットの距離を打ち分けるには、距離によって足幅を変える。足幅の取り方（広さ）には個人差があるが、考え方は同じである

クラブの振り幅と足幅が距離を打ち分けるポイント

ショットのスタンス

50mショットのスタンス

肩幅より広く。クラブを大きく振り上げることができるようにする

15mショットのスタンス

パットの足幅よりやや広く、肩幅よりやや狭い

30mショットのスタンス

肩幅よりやや広く。クラブを無理なく肩くらいまで振り上げられるように

4 手首を返すのは最後の最後と意識する
ボールを狙った方向へ打つコツ

手首ではなく、体全体でクラブを振る

● 正面から　良い例　ヘッドの動きが正確

真っ直ぐ思った方向へボールを転がすには、打った瞬間もその後も、クラ→

✕ 正面から　悪い例　ヘッドの返りが早い

グラウンド・ゴルフのボールは重く、反発力が弱い。そのため、手首を早く返し→

ヘッドのスイートスポットでボールをとらえる

○ ヨコから　良い例　スイートスポットでとらえている

ブヘッドのフェース面をできる限り狙った方向へ向けるように意識する

✕ ヨコから　悪い例　スイートスポットをはずしている

てしまうと、ヘッドの動く方向が影響を受け、ボールが狙った方向へ行かない

5 クラブの振り幅を変えて打ち分ける
コースの状況に合わせて調整しよう

　ボールの転び距離が同じコースはありません。そのため、ボールの転び距離を打ち分ける技術を活用し、クラブの振り幅をコースの状況に合わせて調整する必要があります。

　可能であれば、試合が始まる前に15mのショットを打ってみて、振り幅を調整しましょう。転び距離が短ければ振り幅を少し大きくし、転び距離が長ければ振り幅を少し抑えます。このようにして、その日のクラブの振り幅を調整します。そうすれば、このコースではボールがこの程度の転び方をするというイメージがつかめるのです。安定したスコアを出すための大切なポイントです。

　その際、足幅を調整して行うことが大切になります。

クラブの振り幅と足幅の取り方を繰り返し練習しよう

パットの振り幅の違いをチェック

写真①よりも写真②の方が、振り幅が大きくなっている

写真①　　　　　　　　　　　写真②

ショットの振り幅の違いをチェック

写真①から写真④へと進むにつれ、振り幅が大きくなっている

写真①

写真②

写真③

写真④

このように、ボールを置かずにパットとショットの素振り練習をする。その際、ポイントとなるテークバックの頂点、ダウンスイングの中間点、ボールをヒットする瞬間、フォロースルーの各局面で動きをときどき止め、第1章から第3章の写真を参考にしながらチェックする練習が大切になる

朝霧の有無や芝の長さなどでボールの転びが変わる

朝霧で転びが悪いときのパットの例

ボールの転びが悪いときの振り幅

クラブの振り幅を少し大きめに調整する

朝霧で転びが悪いコースにおいて、ボールの転びが悪いとき（左ページ）
から振り幅を調整した例（下写真）

調整後の振り幅

小さい起伏が3つある傾面でのパット

起伏がある斜面でのパットの例（このコースは難コース）

ショートしたときの振り幅

振り幅の調整で難コースを克服。ナイスタッチ

３段の起伏がある斜面のコースにおいて、ショートしたとき（左ページ）に、振り幅を調整した例（下写真）。難易度が高いほど、チャレンジ精神が湧いてくる

調整後の振り幅

皆さんの声

　私の講演を聴かれた方からお便りをいただきました。「講演会の際には、大変お世話になりました。ブロックの研修に参加し、ご指導のおかげでＡグループ６位に入りました。講演を聴いて以来、２打目３打目のときはスタンスの取り方を意識して実行しており、結果が確かに出ています。結果が良いと励みになります。まずは、スタンスの取り方を身につけるよう頑張ります」。スタンスの取り方を意識して実行しておられるとのことで、講演をした私も大変うれしく思います。何よりも素晴らしいのは、自らの向上を目標に実践しておられる姿であり、これがまさしく生涯学習（生涯スポーツ）なのです。

ミニ知識

　皆さん、ご存じですか。ハサミは、刃を閉じたときに左右の刃の間に２mmの隙間がないと、切れ味が悪いそうです。この２mmの隙間は、万力のようなものにハサミの刃をはさみながら、ベテランの職人が感覚だけでつくっています。そのベテランの職人は、隙間のつくり方について、「手だけでハサミを開くのではなく、体全体を使って開くのです」と話しておられました。つまり、体全体を使って作業しないと、2mmの隙間を安定してつくることはできないのです。グラウンド・ゴルフのショットとパットの打ち方にも共通するものがあるのではないでしょうか。

第4章

ホールポストの攻め方

• • •

ホールインまでの距離を見極め、
クラブの振り幅、インパクトの強さ、スタンスを使い分ける

①ホールポストの脚が開いた方向からは、鈴を狙う

足幅はかなり小さくし、強く打たない

脚が開いているところから、ホールポストの中央にある鈴を直接狙って打つ。ただし、打球が強すぎるとサイドに弾かれることがあるため、力の加減に注意を払う

②ホールポストの脚を狙う

狙う脚の方向へ正確なスタンスを取る

狙った方向へ直線的に打つ

鈴を直接狙えない場合は、ホールポストの脚を利用して打つ方法がある。
開いているところから脚の内側に当てるように打つと、ボールを静止させ
ることができる

③距離を合わせたパットでホールインを狙う

コースの状況に合わせて振り幅を決める

ホールポストまでの距離を考えて打球の強弱を決め、ホールポストの輪の中で自然に静止させるように意識して打つ。距離感が大切

2打でホールイン「トマリ」を狙う！

スタンスに入る（足幅を決めて構える）前に、ホールポストまでの残り距離を正確に見極め、クラブの振り幅のイメージをつくる

①スタンスを決めたら、
②ホールポストまでの残り距離を
　再度確認し、
③狙う方向と振り幅を定めてから
　打つ

小さい起伏がある
コースでは、傾斜
角度を考慮に入れ、
打つ方向や振り幅
を慎重に判断する

083

ホールインワン「トマリ」は全てのプレーヤーの願いだ

15mの短いショットは、ホールインワンを狙えるくらいまで繰り返し練習
しておきたい。ポイントは、距離を合わせること、狙った方向へ正しく打
てるようにすること、スタンス、クラブの振り幅（テークバックの大きさ）、
インパクトの強さをそれぞれ見極めて安定したショットを目指すことだ

見事！ ホールインワン「トマリ」！！

ホールポストにできるだけ寄せることに専念する

5mの残り距離

1打で50mコースに届かない人は、打球の方向を大切にしながら、3打でのホールインを狙う。3打目で確実にホールインするためには、残り距離と ↗

寄せの技術が身につくとスコアアップ

10mの残り距離

なる５mパットや10mショットを安定して打ち分けることが重要。それぞれのスタンス、振り幅、インパクトでの強さの違いを練習で身につけたい

第5章

練習なくして
上達なし

• • •

他者と競うのではなく、
自己の向上を目指して！

①2mの距離でさまざまな角度からパット練習

練習なくして上達なし！

··

脚が開いている場合に鈴を狙って打つ練習

1打目

2打目　　　　3打目

ホールポストを用意し、複数のボールを使用する（写真では3つ）。自分が移動しながら3方向から打つことで、効率的な練習ができる。その際、ホールポ ↗

ホールポスト近くでのパットの正確さが重要！

脚が正面に向いている場合は脚かサークル内を狙う

1打目

2打目

3打目

ストの脚が開いているところをめがけて打つ。脚が正面に向いている場合の2
パターンを想定。ホールポストの脚の位置を変えてボールを置き、練習する

②5mのパット練習

ホールイン「トマリ」を目指して練習しよう

脚が開いているところをめがけて打つ場合

ホールポストから離れた距離の場合、複数のボールを使用して（写真では3つ）打つことで、効率的な練習ができる。その際、ホールポストの脚が↗

難易度が高いので、特に練習が必要だ

脚が正面に向いている場合

開いているところをめがけて打つ。脚が正面に向いている場合の2パターンを想定し、ホールポストの脚の位置を変えて練習する

③目標に向けて真っ直ぐに打つショット練習

ボールを真っ直ぐ打つ技術は基本中の基本！

水を入れたペットボトルとボールを配置

第1章の「理想とするパット」を参考にして練習しよう

1リットルのペットボトルの広い面に向けて打つ

500ミリリットルを使用すると、レベルが上がる

目標に向けて真っ直ぐに打つ練習では、ホールポストの代わりに水を入れたペットボトルを使用する方法が有効。まずは、1リットルのペットボトルの広い面に向けて、複数のボール（写真では3つ）を打つ。ペットボトルの面に正確に当たるようになったら、狭い面に向けて打ち、レベルアップを図る。500ミリリットルのペットボトルを用いても良い

2 練習のすすめと意義
スポーツは練習なくして上達なし

　この章で紹介したように、屋外では簡単な練習をおすすめします。また、定期的なサークル練習会の前に少し早く会場に行って練習する方法もあります。その際、ボールをポンポンとただ打つのではなく、クラブの振り幅、スタンス、膝の使い方、ボールをヒットするときの強さなどの課題を常に意識して繰り返し練習を行うと、技術の向上と定着につながります。

　先にも述べましたが、その日のスコアをあまり気にせず、自分の目指している技術を意識して、大会や交流ゲームでプレーするのです。「急がば回れ」という言葉のごとく、順位やスコアは意識せずに、自分の理想とする打ち方を繰り返し行いましょう。繰り返し行うことで基本に基づいた技術が定着し、良いスコアが安定して出せるようになるのです。

「スポーツは練習なくして上達なし」

　自己の技術向上を目指して練習に取り組むことをおすすめします。

　少し違った角度からも練習の必要性がわかります。国立開発研究法人国立長寿医療研究センターが、歩行や軽い運動といった有酸素運動と脳の機能を使う思考の組み合わせが認知症予防に有効であるとして、「有酸素運動＋思考」運動を推奨しています。この考え方をグラウンド・ゴルフに置き換えてみると、有酸素運動＝グラウンド・ゴルフのプレーを行うこと、思考＝自らの課題を改善、向上させようと考えてプレーすること、となります。

　また、自分のスコアは自分でつけることで数の計算を行う習慣ができます。脳の機能を使うように心掛けることになり、認知症予防

屋外での練習は工夫して行う

に効果があると考えられます。通常はスコア記録者がいるケースが多いのですが、そのような場合でも他者に全てを依存せずに、自分のスコアは自分で記録しましょう。そうすれば、認知症予防に効果があるばかりか、スコアの間違いやトラブルを防ぐこともできるのです。一打一打のスコアをできる限り自分でつけるように心掛けることが大切です。

　こうした点から、課題を明確にして練習を行い、課題の改善を絶えず意識してプレーを楽しむことがいかに大切かを理解できると思います。これからの時代のグラウンド・ゴルフでは、勝敗にこだわるのではなく、「プレーを楽しむ」「自己の向上を目指す」「練習で

課題を改善させる」「遊びがストレスとならない」といった要素を大切にし、心身ともに健康な状態を自分でつくることを意識しながらプレーや練習を行うのが究極の目的となるでしょう。

　本論に戻りますが、練習をしようと思っても屋外での練習は簡単ではありません。なぜならば、第1の問題として、練習できる広場や専用コースが身近にあるかどうか、「場の確保」が難しいのです。また、専用コースは使用料がかかるため、金銭的な負担が伴います。

　第2にグラウンド・ゴルフ専用コースの場合は、ホールポストが常設されていますが、一般的には専用コースではない広場や河川敷などの場所を使うケースが大半です。こうした場所で距離をさまざまに変えて練習するためには、ホールポストの移動が大変で、「時間と手間がかかる」など、練習環境的な問題があります。

　また、練習用具を持っての練習場所までの移動、準備、片づけなど、効率面でも問題があり、なかなか取り組みにくいのが現実ではないでしょうか。

　練習の安全性、効率性、課題への取り組みとして、第7章で紹介する屋内での練習方法（P130〜）を取り入れ、屋外でのプレーに活かしていくことをおすすめします。

　自己のプレーを向上させるためには、大切な要素がもうひとつあります。クラブとボールの選び方です。最近は、クラブもボールもさまざまな機能の製品が多く出ています。第6章を参考にして自分に合うクラブとボールを選ぶことも、上達の重要なポイントです。

第6章

クラブの選び方と
ボールの選び方

・ ・ ・

自分に合った用具を選んで
上達するよう練習に励む

グラウンド・ゴルフの用具は、安全にプレーできることに最大限の配慮がなされ考案されました。クラブは、木製を基本としたつくりで、それがボールの転び距離や直進性に大いに関係しています。ヘッドのフェース部分には傾斜をつけず、ボールが空中に飛ばないように工夫されています。また、１本のクラブでパットもショットもできるように考えられました。

　ボールは、転び距離が出ないように重くつくられています。重さは75 〜 95g（一般的に多く使用されているボールは93 〜 94g）で、ボールが小石などに当たって空中に大きく跳ね上がらないよう意図的に反発力が抑えられています。したがって、ボールとクラブヘッドの接触時間が長く、クラブヘッドとのボール離れが悪いのです。こうしたボールの特徴は、パットやショットの技術に大きく影響します。

　一方で、ゴルフのクラブとボールは反発力を大きくして飛距離を出すように、素材や機能、構造が徹底的に研究されており、グラウンド・ゴルフとは全く逆の発想でつくられています。このことは、グラウンド・ゴルフのボールとゴルフボールの反発力の比較写真でも明らかです。

　ゴルフの技術は参考にはなりますが、グラウンド・ゴルフには独特の技術がある点を理解しておくことが重要です。例えば、グラウンド・ゴルフでは、ゴルフと違い、クラブヘッドの振り抜き速度を速くすればボールの転び距離が出ると安易に考えてはいけません。年齢が高くなるにつれて筋力が弱くなり、ヘッドの振り抜き速度を上げようと思っても上がらなくなってきます。

　以上のようなクラブとボールの基礎的な知識をよく理解した上で自分に合ったものを選ぶことが、大切なポイントとなります。

グラウンド・ゴルフボール（右）とゴルフボール（左）が同時に着地するように同じ高さから落下させたときの跳ね返りの違い。ゴルフボールに比べると、グラウンド・ゴルフボールは弾まない、反発力の小さいボールであることがわかる

グラウンド・ゴルフとゴルフにおける用具と技術の比較

	グラウンド・ゴルフ	ゴルフ	技術の違い
クラブ	木製のクラブ1本	ドライバー、スプーン、アイアン、パターなど14本まで使用可	ゴルフは、距離やコースの状況に応じて適切なクラブを選択できる。グラウンド・ゴルフは、1本のクラブですべてプレーするため、ショットとパットを打ち分ける技術が必要
ボール	直径：6㎝ 重さ：75〜95g 樹脂製で硬質。あまり距離が出ないようにできている	直径：4.267㎝以上 重さ45.93g以下 ボールの中は、樹脂、ラバーミッド、ゴム、糸などで仕上げられていて、飛距離が出るように工夫されている	ゴルフボールは、飛距離が出るようにコントロールができるように素材に工夫がなされている。グラウンド・ゴルフのボールは、空中を飛ばないようにゴルフボールより大きく重くつくられているため、極端な曲線を描いてボールが移動することはない。ゴルフの技術とは大きな違いがある
ホール	直径36㎝の金属製の輪と3本の脚で支えられたホールポスト。中心に筒状の鈴がついている	直径10.8㎝の筒状の穴	グラウンド・ゴルフのホールポストは、ゴルフのような穴は開いていないので、勢いのあるボールはゴルフとは異なり、カップに落ちずに通過してしまう。したがって、寄せの技術が重要となる

1 クラブの選び方

①シャフトの長さはどこからどこまでか?

シャフトの長さとは、グリップ上部からヘッドのソール部分(下の部分)までの長さ、つまりクラブ全体の長さをいう

シャフトの長さ

　メーカーによって若干の違いはありますが、一般的に販売されているクラブのシャフトの長さは80cm、84cm(標準的な長さ)、88cmの3種類と考えて良いでしょう。それより短いクラブは、ジュニア用、車椅子用があります。88cmより長いものは、特別注文となるでしょう。
　身長に合ったシャフトの長さは、次のような目安で判断します。身長が155cm前後の人は80cmのシャフトのクラブ、身長が160cm〜175cmの人は84cmのシャフトのクラブ、身長が180cm前後の人は88cmのシャフトのクラブが適当と考えてクラブを選ぶと良いでしょう。

②身長によるシャフトの長さの選び方

シャフトの長さを選ぶ際は、写真のように構えてみて打ちやすいものに決める

　ただし、個人によってグリップの握り位置やスイングフォームなどに違いがあり、少し長めが良い人、短めが良い人と好みが異なります。また、ボールから離れて構える人、ボールに近い位置で構える人など、スイング方法、身長、筋力など身長以外の要素も加味して選択することをおすすめします。
　ここで示した身長とシャフトの長さは、あくまでも参考基準と考え、自分に合うシャフトの長さのクラブを選んでください。

③ボールの転び距離が出ない人のクラブの選び方

　グラウンド・ゴルフのクラブのシャフトは木製と定められており、ボールの転び距離はあまり出ません。そのため、年齢とともに筋力が弱くなった人や女性の場合の多くは、50mコースにおいて1打でボールをホールポストに近づけることができません。

　特に、芝のコースでは距離が長くなると芝の抵抗力が大きく、ボールが転ぶ勢いが急激に減速するためホールポストに届かず、プレーでは不利となります。また、コースが雨などで濡れているときも、ボールが極端に減速します。

　シャフトの強度を強くしようと思えばシャフトが太くなるのは当然ですが、木材の材質や特殊な加工方法などを研究し、シャフトがある程度細くても強度を持つ製品もあります。シャフトが細くなればある程度しなるようになり、ボールの転び距離が出ます。

　ボールを遠くまで打てないプレーヤーは、クラブのシャフトがある程度細い製品、あるいは転び距離が出るように工夫したヘッドを搭載した製品を選ぶことをおすすめします。

自分に合ったクラブを選ぼう！

クラブにボールが当たった衝撃でシャフトがしなり、その反動でシャフトが逆にしなる「戻りしなり」現象が見られる

④シャフトはストレート（真っ直ぐ）なクラブが良い

　グラウンド・ゴルフは、１本のクラブでショットもパットも行います。ですから、ボールを強く打ったときもグリップが滑らないことが大切です。ショットは、ヘッドのスイートスポットでボールを打てば、ボールの転び距離がよく出るのですが、スイートスポットに必ず当たるとは限らず、ヘッドの前方部分や後方部分に当たることもあります。そのような場合でもブレを極力少なくするには、グリップの滑りが少なく、シャフトがストレートなクラブをおすすめします。

　シャフトがストレートなクラブのグリップが滑りにくいのは、ひとつはクラブのシャフトがヘッドのスイートスポット部分に直接入っているので、シャフトの芯でボールを打つことになるからです。グラウンド・ゴルフのボールは95グラム程度と重く、さらに反発力が弱いため、クラブの芯（シャフト）でボールの重さを受け止めて打てば、ボールに力が正確に伝わるのです。

シャフトがヘッドのスイートスポットに直接入っているクラブは、グリップの滑りが少なく、正確なショットを打つことができる

105

⑤ヘッドが重いクラブとやや軽いクラブの違い

　現在は研究が進み、さまざまな機能のクラブがあります。クラブを選ぶ際にはメーカーの説明書を読んだり、販売店に聞くことも一案ですが、ひとつの目安として、クラブヘッドが重いクラブ（低重心クラブ）とやや軽いクラブで比較する方法があります。その違いは、クラブ全体に対するヘッド部分の重さの比率です。

　ヘッド部分の素材や構造にもよりますが、重さの違いを見分ける一例として、クラブヘッドが傷つかないように底につけられた金属のソールを確認することが挙げられます。ヘッドを重くするために重い素材で厚くつくられたソールと、ヘッドを軽くするために軽い素材で薄くつくられたソールがあります。

　では、どのように判断して選べば良いのでしょうか。ヘッドが重いクラブと軽いクラブを自分の正面に突き出すように持って、どち

自分にしっくりくるクラブを選ぶ！

軽く感じるクラブ　**やや重く感じるクラブ**

ヘッドソールが薄いクラブ（左）と厚いクラブ（右）。薄いクラブはやや軽く、厚いクラブはやや重い

クラブの重さを比較するには、写真のように自分の正面にクラブを突き出してみると良い

らが重く感じるかを比較してみるとよくわかります。さらに、クラブを自分の体に沿って弧を描くように動かしてみましょう。重く感じる低重心のクラブも、体の近くをスイングするパットやショットの際には重く感じないものだからです。

　ヘッドが重いクラブ（低重心クラブ）は、ボールの重さに負けない機能をヘッド自体が持っています。振り抜く速度はやや遅くなりますが、ヘッドの重さと遠心力を効果的に利用することでショットの転び距離が出ます。また、スイートスポットを若干外してもボールの直進性を保つことができます。ですから、筋力が弱く、速い速度でクラブヘッドを振り抜くことができない人がボールの転び距離を出すためには有効なクラブといえるでしょう。

　高齢で筋力が弱くなった人、もともと筋力が強くない人、さらに女性は、軽く感じるクラブが良いと思いがちですが、これは大きな勘違いです。筋力の弱い人がヘッドの軽いクラブを使用すると、ク

軽く感じるクラブが良いとは限らない！

ヘッドを重く感じるクラブ

クラブの重さを確かめるには、自分の体に沿って弧を描いて比べてみる。軽くスイングした場合は、あまり重く感じない

ラブヘッドを振り抜く速度が遅く、転び距離が出ません。その上、スイートスポット以外にボールが当たると、ボールの重さに負け、ボールが狙った方向へ真っ直ぐ行きません。芝の深いコースや雨で濡れたコースなど、ボールが転びにくい場合は最悪です。

　ヘッドがやや軽いクラブ（重さ均等クラブ）は、筋力が強い人に適しているといえるでしょう。クラブの重さが少し軽い分、全体の重さのバランスが取れているので、クラブ全体が軽く感じます。つまり、ボールの重さに負ける反面、クラブヘッドを振り抜く速度を速くすることで、ボールの転び距離を出せます。また、筋力が強い人は、スイートスポットから若干外れてボールが当たっても、プレーヤーの筋力でバランスを取り、ボールの直進性を保つことができます。

　グラウンド・ゴルフの最長コースは50mですから、筋力が強い人が低重心クラブを使用するとボールが転びすぎるため、ヘッドの軽いクラブが適していると考えることができます。

自分にしっくりくるか確かめる！

ヘッドを軽く感じるクラブ

軽くスイングしてみて、自分に合うかどうか確かめる

　ちなみに私の測定によると、ヘッドが重いクラブと軽いクラブの全体の重さを比較すると、ヘッドが重いクラブの方が50グラム程度重量があるという結果になりました（クラブは木製であるため、ヘッドの素材や木の比重にばらつきがあり、全て同じとはいえませんが）。感じるほどにはクラブの全重量に大差はなく、微妙な違いといえます。

⑥滑らない握りやすいグリップが良い

　グラウンド・ゴルフでは95グラム程度の重いボールを打つことから、ボールがスイートスポット以外のヘッド部分に当たった場合、ねじれの力がグリップに大きくかかり、グリップの滑りやねじれにつながります。グリップが滑ると、ボールが狙った方向へ転がりません。ですから、滑りにくく握りやすいグリップが良いのです。ボールを正しく打ち、ボールが狙った方向へ正確に転んでいくようにするための重要なポイントです。

グリップ部分にカーブや波型があると滑りにくい。ボールを正確に転がすためにはこのような手の握りの形状に合わせたグリップを選ぶ

推奨できるクラブの握り方は？

　滑りにくくし、手首の返りを遅くするには、インターロッキングや
オーバーラッピングがおすすめ。グリップは柔らかく広く握ります。
ぎゅっと強く握りしめてはいけません。手首の返りが早く、クラブ
ヘッドの返りも早くなるベースボールグリップと比べてみましょう。

インターロッキングの握り方

①グリップエンドに左手をセットする。薬指と小指で握る感じ

②右手は上から握るようにして、左手人差し指と右手小指をからめる

③左手親指と人差し指を中心にセットする。親指が正面を指すようにする

良いグリップ

悪いグリップ

グリップは広く握ろう！

オーバーラッピングの握り方

①インターロッキングと
同様に、グリップエンド
に左手をセットする。薬
指と小指で握る感じ

②左手人差し指の上を右
手小指が覆うようにセッ
トする

③右手小指は左手人差し
指を覆ったまま握る。親指
が正面を指すようにする

良いグリップ

悪いグリップ

ベースボールグリップの握り方

野球のバットの握り方と同じ。右利きの場合、右手を前方
にして力を入れずに軽く握り、左手を手前に添えるように
して軽く握る。ヘッドがボールに当たる瞬間に力を加える。
右手で力をコントロールするために手首の返りが早い

⑦シャフトの差し込み角度とスイートスポット

　正しいスイートスポットの位置は、シャフトがヘッドの中に差し込まれているシャフトの延長線上のフェース面だと考えるのが適切です。ヘッド上部のラインはあくまでもスイートスポットの目安です。なぜなら、シャフトの傾斜角度でラインの位置は変わるからです。

　クラブのソールが曲線状につくられているので、クラブヘッドのシャフトの差し込み角度は、ヘッド上部面とシャフトの中心線の角度（ライ角）であると考えれば良いのです。一般的に、この角度が大きく、シャフトが立っていると、スイートスポットの広さが狭くなり、クラブの芯でボールを捉えることが難しくなります。一方、この角度が小さく、シャフトが寝た状態になりすぎると、ボールから離れて構えることになり、パットやショットが打ちにくくなります。

　クラブを選ぶ際、ヘッドへのシャフトの差し込み角度と、その延長線上にあるスイートスポットの位置が非常に重要です。

ヘッドの上部に見えるラインはあくまでスイートスポットの目安にすぎない。実際のスイートスポットは、シャフトの入射角の延長線上にある

ヘッドの差し込み位置がクラブヘッド上部の中心よりやや後方のクラブが良い。スイートスポットが広がり、スイートスポットの目安ラインが見やすくなる

⑧クラブの選び方のまとめ

この章では、クラブの選び方についてさまざまな角度から述べてきました。シャフトの長さ、シャフトの太さ、シャフトの形状、ヘッドのソール、滑りにくいグリップ、クラブヘッドへのシャフトの差し込み角度、これら全てのポイントを参考にして、自分に合った納得できるクラブを選びましょう。なぜなら、グラウンド・ゴルフのプレーでは、クラブがプレーの良し悪しに一番大きく影響するからです。クラブ選びは最も重要であるといえるでしょう。見た目のデザインや形状を変えた派手なクラブが良いとは限りません。

ちなみに、足腰や腕など全身の筋力がまだまだ強いと思っているプレーヤーでも、長さが５㎝〜10㎝の天然芝が元気に立っている50mのコースでは、ボールがホールポストまで届かないことがあります。そのときは、重さ均等クラブと低重心クラブの２種類を使い分けることもひとつの方法です。

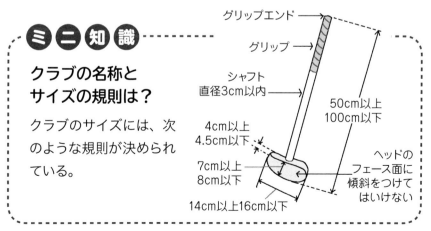

ミニ知識

クラブの名称と サイズの規則は？

クラブのサイズには、次のような規則が決められている。

グリップエンド

グリップ

シャフト
直径3cm以内

50cm以上
100cm以下

4cm以上
4.5cm以下

7cm以上
8cm以下

ヘッドの
フェース面に
傾斜をつけて
はいけない

14cm以上16cm以下

2 ボールを選ぶポイント

　グラウンド・ゴルフのボールは、考案当時は木製で、次のような課題が３つありました。⑴木材の比重の違いにより、個々のボールの重さが大きく異なる、⑵60グラム程度の軽いボールは強風の際70mあまりも転んでしまう、⑶打った衝撃や小石などに当たることによって塗装がはげ、雨の日などの際は、はげたところから水を吸ってボールが重くなりすぎるなどです。

　やがて樹脂製のボールが考案されたのですが、当初は反発力が強く、小石などの突起物に当たると空中に大きく跳ね上がるため、ほかのプレーヤーに当たる危険がありました。そのため、樹脂製ボールを使うことはなかなかできませんでした。

　その後、反発力の弱い構造を持つ樹脂製ボールが開発され、安全性が確認されたため、樹脂製ボールが使用されるようになったのです。樹脂製に変わったことでボールの重さが一定になり、現在、重さの基準は75 〜 95グラムと定められています。したがって、ボールは全て定められた反発力数値内の製品であり、特別に強い反発力があってよく転ぶボールはないと考えてください。もし反発力が基準以上のボールがあったとすれば、怪我につながる危険性があり、問題です。

　その決められた基準内でさまざまな研究開発が行われ、現在では、初速が落ちにくい構造のボールもあります。また、逆に筋力が強すぎて転びすぎる場合には、低反発のボールもあります。

①ボールの特徴を知って選ぶことが大切

　ボールには、素材や構造により、直進性が高いボール、初速が速く、転び距離が出るボール、転び距離を抑えたボールなど、さまざまな特徴を持つものがあります。ボールは、選ぶときに試打をすることができないため、各メーカーがボールケースにそれらの特徴を記載しています。それを参考にして、どのような特徴のボールなのかを確認して選びましょう。また、特徴の違う数種類のボールを購入して打ってみて、自分が納得するボールを決めていきます。ほかのプレーヤーから情報を得て、自分に合うボールを見つけるのもひとつの方法です。一般的に多く使用されているボールの重さは、93グラム前後です。今後もボールの研究開発は進みますから、最新の情報を知っておくことも大切です。

ボールも研究開発が進んでいる！

3種類のボールの特徴
<1>ボールの中心部分が中空となっており、転がりがいいタイプ。半球ずつ色が違うものもあり、ボールの回転やブレが見やすい（前列左端）
<2>ボールの内側が硬く、外側が柔らかい素材でつくられており、初速が速く、転びがいい。打ったときにクラブヘッドからの球離れが速いので、打ち心地が軽い（前列右端）
<3>距離の出にくい素材でつくられており、ボールが転びすぎるプレーヤーや、人工芝などのボールが転がりやすいコースに適している（後列の2つ）

②芝コースに良いとされるボール

　芝への抵抗が少ないとされる80グラム程度の「芝専用ボール」も
ありますが、私が知る限りでは芝に良いという確かなデータはないよ
うです。ボールが軽いので、ホールポストに入れるときに転びすぎて
ホールポストを通過してしまいがちです。気をつけて使用しましょう。

③ボールの転びすぎに対応した低反発ボール

　筋力が強すぎてボールが転びすぎる人、土や人工芝でボールが転
びすぎるコースなど、ボールが転びすぎるときに対応した「低反発
ボール」もあります。低反発ボールは反発力を抑えた素材や構造で
つくられています（P115の＜3＞）。

ボールの大きさや重さの規則は？

　ボールの大きさや重さは、次
のような規則で定められていま
す。

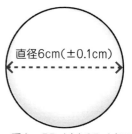

直径6cm（±0.1cm）

重さ：75g以上95g以下

第7章

自分に合った技術を
つくり上げる

・ ・ ・

自己の向上を目指してプレーを楽しむには、
「工夫」「改善」「定着」が必須。
それが生涯学習（生涯スポーツ）である！

1 プレーの上達に必要なこと
基本の繰り返しが技術を向上させる

①プレーヤーの多くは
何らかの課題や悩みを持っている

　現在、全国で多くの方々がグラウンド・ゴルフをプレーしています。しかし、次のようなことで困っており、それらを解決したいと思っている方が多くいます。

　例えば、「自己流でプレーを続けていても、スコアがなかなか良くならない」「数年プレーを続けているが、なぜかなかなか上達し

プレーを始めて1年になるのに狙った方向になかなかボールを打てない

ない」「ある程度はうまくいくが、満足できるプレーはできない」「これからグラウンド・ゴルフを始めたいのだが、技術面でどうしたら良いのかわからない」など、技術面での課題から脱出することができないのです。その結果、楽しくなくなってやめようと考え、そして、実際にやめてしまった方が多くいるようです。

　そこで、グラウンド・ゴルフを楽しむための考え方についてアドバイスしたいと思います。

②なぜ、技術の上達を目指すのか

「他者と競う競争心より、自分を高める向上心を大切に！」

　グラウンド・ゴルフを楽しむには、この考え方が最も大切です。

　もう少し詳しく説明しますと、大会の順位や他者と競うことが最大の目的ではなく、自分がどの程度上達し、向上しているかを目標にするのです。そのためには、自分の技術を向上させるための練習をすることです。その成果が大会や仲間とのプレーで表れてくることによって自己実現ができます。そして、それがプレーを楽しむことにつながります。

　その結果として、順位が良くなり、自分なりに充実感を感じることができるのです。このような考え方を大切にしてグラウンド・ゴルフを楽しむことが最も重要です。また、多くの仲間と良き交流をすることでさまざまな刺激を受け、それが活力につながるのも忘れてはいけません。

　グラウンド・ゴルフは、高齢になってもスポーツを楽しむことが

できるように考案されたものです。プレーする人が、その楽しみ方をどうとらえ、どう考えるかが最も重要であり、そこを間違えると、せっかく楽しむために行ったのに仲間とトラブルを起こしたり、ズルやごまかしをして後味が悪くなったりと、充実感や満足感を感じられない一日を過ごすことにもなりかねません。このようなトラブルの話を私は多く聞いていますが、考案に携わった者として、プレーヤーの基本となる考え方をしっかり持つことが大切だとアドバイスしています。

　このような状況にならないように、楽しむことの意味をよく学びよく考えてグラウンド・ゴルフをプレーしてほしいのです。

③技術の向上には基本を大切にした練習を

　自らの技術を向上させることと他者と競うことは違うという点をまず理解しましょう。その上で、自らの技術の向上を目指すことが大切です。技術を上達させるには、基本となる技術を大切にした練習を行うこと。そうすれば、自分に合った技術が身につきます。

　スポーツでも芸術でも、初めはまねからスタートして自分のものをつくりあげていくことが大半であり、グラウンド・ゴルフの技術においてもそれは同じです。初めは基本的な技術のマスターから始め、上達へ向けてさまざまな試行錯誤をしていくことにより、自分のスタイルが定着していきます。これは、我流の技術ではなく、基本をベースにした技術上達の秘訣であり、上達への近道なのです。

　ただし、大会やゲームを繰り返しているだけでは、技術の上達は

なかなか望めません。ある市協会から私に「グラウンド・ゴルフの
理念と上達方法」というテーマで話をしてほしいとの依頼がありま
した。私が話した後で会長さんが「いつもポンポンとボールを打っ
ている。数を打てば上達するということも考えられるが、基本を知っ
た上で普段のプレーや練習をするのが大切であると思った」と感想
を述べました。まさしく、自己の向上を目指したプレーや練習の大
切さを話し、その通りだと私も思いました。

　また、私のパットの解説をインターネット上で見た方から、「私
も最近、クラブに入会しました。67歳です。26名程度の集まりで
すが、団体数は多くなりました。年齢は62歳から82歳の男女です。
皆さん上手な人が多いです。最初は遊びのつもりでやっていました。

他団体からも参加者があった80名程度の大会を行ったのですが、私はびりでした。この映像を見てうまくなりたい気持ちが湧いてきました。パットの当たる位置や足の開きや目の定め方で上達が違ってくることが、だんだんわかってきました。やはり勉強は必要ですね。皆さんと楽しく仲良く練習し、上達していきたいと思います。先生の教えを実践していきます。野外のグラウンドの新鮮な空気の下で気持ち良くスポーツとして楽しみたいと思います。ありがとうございました」とのコメント（一部編集）をいただきました。

④なぜ、自宅での練習が大切か

　基本のパットやショットの正しい技術の定着を目指すには、繰り返し練習が必要で、それには屋内や家の中での練習が大切です。

　第1に、家の中では、自分ひとりで気軽に練習を行うことができます。「移動時間がかからず、自分の都合に合わせて練習できる」「天候に左右されないので、いつでも練習できる」「人目を気にせず落ち着いて自分の課題解決練習ができるばかりか、課題もよくわかる」「用具をコンパクトに収納できるので、家族に迷惑をかけない」「気が向いたとき、ふとこうすれば良いと思ったときにすぐに練習できる」「短時間の練習で成果が期待できる」などの声があるように、自宅は練習の場として最適な場所です。

　第2に、屋外でひとりで練習を行う際は、交通事故、急な体調変化、急激な気象の変化などが起きることがあり、これらへの対応の遅れは安全面でのリスクを高くします。家での練習は、これらのリスク

を大きく低くすることができます。グラウンド・ゴルフは楽しむこ
とを目的に行うスポーツであり、命をかけてまで行うものではない
のです。特に、炎天下でのプレーは命に関わる事故につながる危険
性が高く、絶対に避けるべきです。

　第3に、「人生100年時代」といわれるなか、高年齢になったり、
病気を患ったり、自動車免許証の返納で移動手段がなくなったりし
て行動範囲が狭まると、仲間と屋外のコースを回るのが難しくなり
ますが、それは誰にでもあり得ることだと思います。そのようなと

き、ほとんどの人がプレーをやめてしまっているのが現状ではないでしょうか。今まで続けてきたグラウンド・ゴルフを急にやめると、運動不足になり、体力や筋力が急激に低下して活動意欲が湧いてこないといったこともあります。急にスポーツをやめると、歩行が困難になり、寝たきり状態になってしまうことも少なくありません。このような体の状態は生活不活発病といわれています。

　家での練習やプレーの習慣がついている人は、屋外でのグラウンド・ゴルフが無理になっても継続してプレーを楽しむことができ、上記のようなリスクを避けられるのです。

　高齢の人のなかには、健康面も考えて、すでに家での練習やプレーを取り入れている人がいます。ある人は、体調が良ければ屋外で仲間とプレーし、きょうはあまり無理をしない方が良いと思われるときは家庭でパットゲームスターやG・Gコース「とまり」（P133を参照）でのプレーを楽しんでいます。つまり、その日の体調に合わせてコントロールしながらグラウンド・ゴルフを楽しんでいるのです。体をいたわりながら、かかりつけ医と相談して健康に配慮しながら、どうすれば技術の改善ができるのかを絶えず考えつつ、グラウンド・ゴルフを楽しみ、生き甲斐を持って生活しています。また、病気のリハビリをしながら、地域の人と一緒にグラウンド・ゴルフを楽しみ、体調に合わせてパットゲームスターを楽しんでいます。

　高齢になると、誰にでも健康上の問題があります。そのような場合は、医師とよく相談しながら必要な治療を行い、自分の健康は自分で守るという考えのもと、グラウンド・ゴルフをはじめとするさまざまなことを自分のペースで楽しんで生活することが大切になり

ます。また、自分のことは自分で行うという気力と体力が落ちないようにするのも大切です。

　厚生労働省が発表した2018年の日本人の平均寿命は、女性87.32歳、男性81.25歳で、ともに過去最高を更新し、さらに年々伸びています。「人生100年時代」といわれるように、どんどん長寿になっているのです。しかし一方で、医療や介護に依存せずに自立して生活できる年齢を示す健康寿命は、2016年時点で女性74.79歳、男性72.14歳と平均寿命とは大きな開きがあります。自分のことが自分でできない高齢者が多いのが日本の現状なのです。「人生100年時代」を元気に生き抜いていくためには、安全やその日の体調に配慮しながら、グラウンド・ゴルフを継続することが大切です。技術面の向上を目指し、健康管理面にも配慮して、家での練習に継続的に取り組んでほしいものです。

「練習なくして上達なし！　継続は力なり！　体力や筋力の維持は体を動かすこと！　プレーそのものを楽しむ！」の考えの通り、スポーツの原点は遊びであり、継続した練習やプレーを遊び感覚で行うことをおすすめします。

　先にも述べましたが、日本は世界でも有数な長寿国となってきている一方で、認知症予防について真剣に考えなければならなくなってきています。さまざまな研究が進み、運動と知的活動の組み合わせが脳の血流促進と活性化に有効であり、認知症予防に効果があることが明らかになってきました。

　グラウンド・ゴルフは、プレーを継続して楽しむことの大切さに加えて、プレーが有酸素運動となって脳の血流を促進します。さら

には自己の向上を目指して「工夫」「改善」「定着」「楽しむ」といった考え方を意図的に取り入れることにより、知的活動につながり、結果として認知症予防にもなっています。ですから、「自己の向上を目指す」「課題を明確にして練習する」「継続して楽しむ」ことをグラウンド・ゴルフの中に積極的に取り入れてほしいものです。

⑤自分に合った技術を身につけるには

　自分に合った技術とは、次のようなことが例として挙げられます。
　グリップは、ショットの場合はシャフトの長い位置を握り、距離が出るように打ちます。ホールポスト近くになったら、強く打ちすぎてホールポストをオーバーしないようにシャフトをやや短く握るのもひとつの方法でしょう。
　スタンスの幅やボールを置く位置も基本の範囲内で、自分に合ったスタンス幅やボールの位置を見つけるのです。クラブの振り幅は自分の筋力、クラブの機能、タイプによって違ってくるため、クラブの特徴を知ったうえで使いこなします。クラブの握り方もいろいろ試して、自分に合った握りを決めていきます（第3章1～3、P52～65、第6章P110～111を参照）。
　また、コースにもさまざまなタイプがあります。芝コースの場合は芝の深さを見極め、芝が深い際はクラブの振り幅をやや大きくし、浅い際は振り幅をやや抑えるなど、芝の状況によって振り幅を変えます。土の種類も見極めましょう。土が粘土質できめ細かくしまっている場合はショットもパットもボールが良く転ぶので、クラブの

長めに持つ

短めに持つ

振り幅を抑えてボールを打ちます。また、まさ土のように荒い土の際は、ショットもパットも振り幅をやや大きくし、ボールを打ちます。このようにさまざまなタイプのコースに対し、ボールの転ぶ距離を見極め、クラブの振り幅の程度を決めます。

　このような方法で自分に合った技術を身につけるのですが、その際に注意したいのは、振り幅ひとつとっても筋力の違いによって個人差があるので、自分に合った技術を定着させるための練習が大切ということです。

　そのためには、基本を知り、自分に合った技術を練習によって定着させることが最も大切です。練習を繰り返しながら課題を明確にして解決していく、それにより、自分に合った技術が身についていきます。技術面の安定とともに精神面での安定感や自信も生まれ、好不調の差が小さくなり、安定したスコアが出るようになります。

⑥グラウンド・ゴルフの目的を考えることが大切

　誰もが、健康で生き甲斐を持ち、明るく気持ち良く毎日生活できることを望んでいるのは間違いないと思います。そのような日々を実現するための生き甲斐としてスポーツがあり、グラウンド・ゴルフもその内のひとつになります。特に、グラウンド・ゴルフは、「自分も仲間も楽しくプレーできること」「自己向上を目指して学習し、自ら主体的に取り組むこと」「ズルやごまかしをしないフェアプレーの精神を養うこと」という３つの要素を大切にする生涯スポーツの理念のもとに考案されたスポーツです。

　プレーヤーとしては、この点に価値観を持って課題を明確にし、改善させるための練習をすることが大切です。また、スコアや勝敗にこだわるあまりに仲間のプレーヤーから疑念を持たれる行為をしないよう、ルールをよく理解し、エチケットやマナーを守り、自らが楽しく感じられるようなプレーをすることが大切です。勝敗は結果としてついてくるものだと考え、楽しくプレーすることを目指してほしいものです。そうした自己の向上を目指した練習の成果が結果として試合や仲間とのゲームで表れてくるのが、プレーヤーにとって最もうれしいことだといえるでしょう。

　つまり、自己の向上を目指してグラウンド・ゴルフのプレーを楽しんでいくことが、生涯スポーツの理念にふさわしい理想の自己実現であるといえるでしょう。そして、スポーツへの学びの取り入れが、充実した生活を送ることにつながるでしょう。

エチケットやマナーを守り、楽しく感じられる
ようなプレーをすることが大切

2 屋内での練習方法
上達の秘訣は３つの練習方法！

　グラウンド・ゴルフが上達するポイントは、３つの技術にあります。第1にボールを真っ直ぐ打つ技術、第2にホールポストへ正確に入れる技術、第3にグラウンド・ゴルフで最も難しいボールの転び距離を打ち分ける技術です。

　自分の技術を冷静に見極めて改善させ、自分にふさわしい技術を定着させるためには、屋外よりも屋内で練習を行うほうが良いでしょう。なぜなら、気が向いたときに短時間でできるので、時間的なロスがなく、天候に左右されることがないので、自分のペースでいつでも練習できるからです。また、家族や友人にビデオカメラやスマートフォンなどで動画を撮影してもらい、自分がどのようにパットやショットを行っているのかを見て、本書を参考にしながら判断すれば、自分の改善点が一目瞭然でわかります。

　グラウンド・ゴルフは、楽しむ段階から、楽しむことプラス学びを深める段階に入りました。つまり、質を高めて自己達成感（充実感や満足感）を求める段階へと進んでいくことにより、近い将来、真の生涯スポーツへ発展するでしょう。繰り返しになりますが、順位を競うのではなく、自分の課題に対する到達度を高めることに価値観を置くのです。その結果として順位が良くなれば、喜ばしいことでしょう。

　自分の課題に合った練習をして、自己流の技術の改善や課題を解決するためには、家庭での練習をおすすめします。

狙った方向へ真っ直ぐボールを打つ練習

　コースマットと水を入れたペットボトルを使用しての練習を行うことができます。第1章の「理想とするパット」を参考にします。

コースマットと水を入れたペットボトルを使用した練習方法。ただし、ボールが跳ね返って来ないので、効率は良くない

短い距離で当たるようになったら、距離を長くして練習する

人工芝とホールポストを使用した練習も行うことができます。第4章の「ホールポストの攻め方」を参考にします。

ホールポストの脚が開いたところが正面にあるときの打ち方

ホールポストの脚が閉じたところが正面にあるときの打ち方

1m→1.5m→2mと、距離をだんだん伸ばして練習する

　自作の用具では、簡単なパット練習ができる程度となります。また、コースをつくる際には、カッターナイフなどでケガをする可能性があります。パット練習や15m程度のショット練習を可能にした室内練習用具がすでに考案されているので紹介します。

＜距離を打ち分ける練習用具＞
●パットゲームメター 15
　屋外と同じ距離感覚で15mのショットからパット練習まで行える。
●パットゲームスター 2.5
　屋外と同じ距離感覚で2.5m程度のパット練習を行える。

＜ボールを真っ直ぐ打つ練習用具＞
●G・Gシャトル
　パットしたボールが跳ね返ってくるため、効率良く短時間でパット練習を行える。

＜ボールをホールポストに入れる練習用具＞
●G・Gコースフルセット
　ホールポストを使用した人工芝コースでパット練習を行える。

練習用具の詳細は下記へお問い合わせください。

朝井（アサイ）　〒682-0702　鳥取県東伯郡湯梨浜町橋津111
TEL：0858-35-5950　FAX：0858-35-3935
Mail：asai-co@mail3.torichu.ne.jp
HP：http://putt-game-star.com　検索：パットゲームスター

使用者の声

　現在、私は、2打でホールイン「トマリ」を多く出したいと思い、パットゲームスター2.5を練習に使っています。雨の日などは縁側で練習しています。最近128チーム（640名規模）の大会で32打を出し、8位に入賞しました。『学んでおきたいグラウンド・ゴルフ上達編』の第3章を参考にして、短いパット練習を繰り返しやっています。たぶん、我流が直ってきたので、これからも本を読み返して実戦に活かしていきたいと思っています。

使用者の声

　パットゲームスター15と2.5で地域の方と月2回プレーしています。定期的にプレーしているので、距離を打ち分ける技術が上達しました。おかげでグラウンド・ゴルフのスコアが皆さん良くなり、今まで突破できなかった県大会予選の団体や個人で上位に入り、県大会に出ることができました。仲間から喜んでもらっています。

第8章

グラウンド・ゴルフの
ルールと解説

• • •

グラウンド・ゴルフのルールを知って
その理念を正しく理解し、プレーやゲームを行おう

1 グラウンド・ゴルフの理念

①ルールの策定と変遷

ルールは考案時から大きく変わっていない
- -

　グラウンド・ゴルフは、鳥取県の旧泊村が国の生涯スポーツ推進事業を受け、高齢者にふさわしいスポーツを開発する取り組みを行うなかで、1982年（昭和57年）に考案されました。そして、多くの人が楽しくプレーするために一定のルールが必要となり、旧泊村教育委員会に設置された専門委員会で、同年10月にグラウンド・ゴルフのルールが策定されたのです。

　具体的には、鳥取県教育委員会から泊村教育委員会に派遣されていた筆者が原案をつくり、専門委員会に諮りながら作成しました。そのときから現在までルールは基本的にほぼ同じで、いい回しや用語が少し変わっている程度です。唯一の例外は、1997年（平成９年）に新設された「第15条　ゲーム中の判定」のルールです。

　グラウンド・ゴルフが誕生した当初は、チーム内でルールやゲームの進め方に一番詳しいプレーヤーが全員のスコアをつけていました。しかし、普及が進むにつれて、特定のプレーヤーに負担がかかりすぎてプレーに集中できない、プレーヤーは各自でスコアをつけるべきという意見が強くなり、加えて、愛好者が増えるにしたがい、ルールの判断に困るケースも増えました。これらを受けて、「第15条　ゲーム中の判定」が新設され、プレーヤー自身が正しい判断のもとにプレーを行うこと、同伴プレーヤーと協議することの重要性がルールに明記されました。また、考案当初の第15条では、「コー

スは、グラウンド、野球場、河川敷など、広い場所が望ましい」とのルールを設けていましたが、これを削除し、現在は「第16条 標準コースは、50m、30m、25m、15m、各2ホールの合計8ホールで構成する」と改められています。

　グラウンド・ゴルフ考案当初の「標準コース」は、限定したコースの考え方はなく、グラウンド・ゴルフをさまざまな場所で楽しめるように考えられていました。特に、学校の開放校庭を活用してのコース設定を考えていたため、長方形型の内回りコース4ホール、外回りコース4ホールとしました。標準コースは、考案当初のルール「第16条　標準コース」では、「ポストは内回りコース4ポスト、外回りコース4ポスト、計8ポストを原則とする（標準コース参照）」と明記されており、標準コースの考え方と各コースの距離は現在と変わっていないのです。

　ルールの解説については筆者が執筆し、1983年（昭和58年）に鳥取県の「日本海新聞」に連載された記事が活用されていました。その後、1987年（昭和62年）4月に日本グラウンド・ゴルフ協会からルールブックが刊行されましたが、先に掲載された解説は、現在に至るまで多くの場面でさまざまに活用されています。

用語の統一

　例えば「球」と「ボール」など、グラウンド・ゴルフの用語はさまざまに表現されていたので、1992年（平成4年）に、次のように統一が行われました。

（旧）	（新）
スティック	クラブ
球	ボール
競技者	プレーヤー
競技	プレーまたはゲーム
規則	ルール
競技中	ゲーム中

ルールについて学ぶことが大切

　グラウンド・ゴルフが全国的なスポーツとなって愛好者が増えたがために、プレーヤーや地域によってルールの解釈が違ってくることでトラブルが起きたり、勝利を優先してエチケットを守らない、ズルやごまかしが多くなる、他者への思いやりが欠けるといった安

ルールをしっかり勉強しておかなくては！

全面に配慮しないプレーが生じたりするなど、ルール上のさまざまな問題が発生し、グラウンド・ゴルフにおけるルールを取り巻く状況が大きく変わってきました。

　現在、そうした問題を解決するための全国的な相談態勢は整っておらず、現場任せになっているといっても過言ではありません。グラウンド・ゴルフがさらに発展するためにも、今一度、ルール策定時の精神と考え方を学んで原点に立ち返り、集う愛好者が気持ち良くプレーできるように、個々のプレーヤーがルールについて自ら学ぶことが望まれています。

②生涯スポーツの考え方を大切に

　グラウンド・ゴルフは、生涯スポーツの基本的な考え方、すなわち「スポーツに人間を合わせるのではなく、人間にスポーツを合わせる」という人間を主役とする発想のもとに考案されたスポーツです。つまり、競技スポーツのように、細かく定められたルールで縛ってプレーを制限するのではなく、プレーヤーの目的、能力、環境などに応じて、ゲームの仕方やルールを人に合わせていこうとするスポーツなのです。

自己学習、自己教育、自己審判、自律行動を大切にする

　プレーする人の状況やコースの環境などに応じて、ローカルルールを決めてプレーを楽しめるように、ルールは必要最小限にとどめ

て策定しました。

　グラウンド・ゴルフは、このような考え方から誕生したスポーツであり、自由度が高いスポーツなのです、それゆえ、プレーヤーの自己学習、自己教育、自己審判、自律行動の考え方を大切にするとともに、エチケットやマナーを守ることが強く求められています。それでは、グラウンド・ゴルフにおけるエチケットやマナーとは、具体的にどのようなことと考えれば良いのでしょうか。

③エチケットとマナーを重視

エチケットやマナーとは
- -

　エチケットやマナーという言葉は一般的によく使われますが、何を意味しているのでしょうか。エチケットとマナーには、いずれも「礼儀作法」という意味があり、同じような意味を持つ言葉と考えられます。

　エチケットは、特定の直接関係にある、または対面する人物に対する礼儀作法をいい、「咳エチケット」など、直面している人に不愉快な思いをさせない場合に用いられます。マナーは、運転マナーや乗車マナー、食事のマナー、携帯電話のマナーモードなど、広範囲における社会的に望ましいとされる礼儀作法で、不特定多数や社会全般を対象とする場合に使われます。また、エチケットはフランス語で、マナーは英語という違いもあります。

エチケットやマナーを大切にする考え方

　グラウンド・ゴルフは、エチケットやマナーを重視することが大切とされています。その根底を貫くのは、「生涯スポーツの基本的な考え方」です。その中心をなす柱のひとつに、「自己審判と自立行動」を大切にする考え方があります。それは、「他のプレーヤーと協調、相和し、ズルやごまかしをしないなど、自分の行動を律しつつ、ルールを認めて守る精神を持つ」という考え方であり、これがエチケットを重視する根拠となるものです。

　また、マナーは、「生涯スポーツの基本的な考え方」のもうひとつの柱である「自己学習、自己教育」につながるものです。つまり、自己の向上を目指して主体的に学び、自らを高め、社会に活かすことがマナーの向上となります。グラウンド・ゴルフのプレーヤーは、社会のルールを守ったり、地域社会をさらに良くしたりするという自立的な行動者を目指しており、それが社会全般に貢献することになるのです。

グラウンド・ゴルフを

楽しみ ▶ さらに学び ▶ 自らを高め ▶ 学んだことを社会に活かす

エチケットとマナーの違い

　それでは、グラウンド・ゴルフにおける、エチケットとマナーは、どう違うのでしょうか。

　エチケットは、グラウンド・ゴルフを一緒にプレーしている人に接するときの言動、態度、礼儀、思いやりなどの行為であるとともに、同伴プレーヤー、大会参加者、運営関係者を不愉快にさせないように、プレーヤーとしてルールを守り、礼儀作法を大切にすることと考えれば良いでしょう。

　そうしたことから、グラウンド・ゴルフのルール第1章は「エチケット」についての記述から始まります。エチケットを大切にする考え方は、ルール全般に求められていると理解しなければなりません。例えば、「同伴プレーヤーがボールを打つときに大声で話をする」「そのホールが終了したのに、ホールポスト近くで話をしていて、

次のチームがプレーできない」「必要以上に練習スイングをし、ゲームの進行の妨げになる」「同伴プレーヤーがボールにマークしているときにボールを打つなど、危険なプレーを行う行為」「スタート時間に遅れる」などを避けるという、プレー全般に求められている礼儀作法であり、大会に参加しているプレーヤーや大会関係者の立場に立った行動をとることが必要と考えれば良いでしょう。

　一方、マナーは、その影響範囲がもう少し広く、不特定多数の人に迷惑をかけないようにすることであり、社会的に望ましいとされる行動規範と考えれば良いのです。例えば、「多くの人が使用する会場を整備せずに荒らしたまま帰る」「大会参加のために乗車している車内で大声で話をする」「大会に参加する際、会場近くの駐車禁止場所へ車を駐車する」「大会会場の近隣の家に迷惑をかけるような行為を行う」「ごみのポイ捨てをして地域に迷惑をかける」などの行為をしないと考えれば良いでしょう。

　グラウンド・ゴルフのルールでは、プレーに直接関係する「エチケット」について取り上げています。しかし、プレーヤーには、「マナー」を大切にすることも強く求められているのです。

④ルール策定で重視したポイント

審判員を置かない自由度の高いスポーツ

　グラウンド・ゴルフのプレーにおいては、強制されたり、命令されたりすれば、魅力的かつ愉快な楽しみという性質をたちまち失っ

てしまいます。ですから、グラウンド・ゴルフでは、考案当初から審判員を置かないように意図的に考えてルールづくりをしました。したがって、個人の自由度が高い反面、他のプレーヤーに迷惑をかけないように自分で判断できる高度な精神が求められているのです。

自分に厳しく正しい判断が求められている

グラウンド・ゴルフのプレーヤーは、自己審判でプレーを進めるケースが多くあります。その際、自分に有利な判断や処理をせずに、常に自分に厳しくプレーすることが求められます。ほかのプレーヤーから不信感を持たれることがないようエチケットを重視し、判断が難しいケースでは、同伴プレーヤーの意見を聞く姿勢を持つことが大切です。

仲間と楽しくプレーする精神を大切に

グラウンド・ゴルフでは、仲間と気持ち良くプレーする精神を大切にしています。遊びや楽しみの大切な要素である自由な活動が保証（保障）されて、自分で考えてプレーでき、誰にも強制や命令されないことを大切にしたのです。この考え方は、グラウンド・ゴルフのルール策定時から貫いている大変重要なポイントです。

多種多様な場所でプレーを楽しめる

グラウンド・ゴルフは、校庭、野球場、河川敷など多種多様な施

設、場所的条件（広さ、傾斜度、地面の質）など、ありとあらゆる条件のもとでプレーできるように考えられています。プレーする人が創意工夫できるなど、自由度を残すように考えました。

　また、細かいルールでプレーを縛るのではなく、ゲームを楽しむ上で必要最小限の基本的なルールを示しています。後は、プレーヤーの目的、能力、環境などに応じて、その場に応じたローカルルールを決めることができるように配慮されています。

子どもから高齢者まで幅広く楽しめる

　グラウンド・ゴルフは、並み外れた体力や技術がなければできないスポーツではなく、性別や年齢は関係なく、子どもから高齢者まで幅広くプレーすることができるスポーツです。団体と個人ゲームが同時にできるなど、多くの人が楽しめるように、ゲームの方法やルールを考えているのです。

⑤ローカルルールの考え方と扱い

ローカルルールなどを設定できる

　先に述べたように、グラウンド・ゴルフのルールには、プレーするための必要最小限の基本的なルールのみが定められています。プレーする多種多様な場所的条件や集う人たちの目的、能力、環境などに応じてプレーを楽しめるように工夫されています。したがって、

それぞれのケースやさまざまな条件に合ったローカルルールを設定することができます。

大会ごとに決められた事項はプレー前に理解しておく

　大会での「留意事項」や「競技上の注意」などは必ず一読し、守ることが必要です。正式な大会では、「競技上の注意」「競技運営に関する留意事項」など、守るべき事項や運営方法が示されています。大会に参加するプレーヤーは、これを事前によく理解しておかなければなりません。大会に参加する全てのプレーヤーは、その大会主催者が定めている守るべき事項について、理解しておく義務があるのです。「そんなことは知らなかった」「教えてくれなかった」などは、違反の理由にはなりません。

　公式なルールやその大会において決められているルール以外の事態が生じた場合は、基本的には公式ルール「第15条　ゲーム中の判定」に従い、まず、プレーヤー自身が判断します。それでも解決しない場合は、同伴プレーヤーと協議して判断します。それでもまだ解決しない場合は、大会主催者の判断を仰ぐようにします。

ローカルルールはその場限りのもの

　ローカルルールや大会の「競技上の注意」は、あくまでもそのゲームや大会において臨時的につくられたものであり、そのゲームや大会だけに適用される、その場限りのものである点をしっかり認識しておくことが重要です。

　また、各都道府県によって独自に申し合わせたローカルルールが定められている場合がありますが、当然のことながら、それらはほかの都道府県のプレーヤーには通用しないルールであることを理解しておかなければなりません。

⑥皆が楽しくプレーするためには

　近年、グラウンド・ゴルフは全国的なスポーツとなり、愛好者の輪が広がっています。そうなった要因のひとつに、生涯スポーツの基本的な考え方のもとにルールが策定されていることが挙げられます。この考え方は普遍的なものであり、決して崩してはならないものです。

しかし、全てのプレーヤーがこの考え方を理解しているとはいえず、むしろ理解していないプレーヤーのほうが多いと思ったほうが良いでしょう。なぜなら、全国各地の多種多様なコース環境やプレーヤーによってルールの解釈が違うことからトラブルになるなど、ときには険悪な状況に直面する場合があるのです。

　愛好者の多くは、エチケットやマナーを尊重してプレーを楽しんでいるのですが、ルール策定時の精神に反した次のようなトラブルがあるのも事実です。例えば、「自分に有利になるようなボールマークの仕方を行い、同伴プレーヤーから疑義を持たれる」「自分のスコアを良くして報告するといった『ズル』や『ごまかし』と思われるような行為」「プレーヤーがつけたスコアと記録員がつけたスコアが違い、トラブルになる」「前のプレーヤーがプレーしているのに次のプレーヤーがボールを打ち、ボールがプレーヤーに当たる事故」「体力の弱いプレーヤーに対して早く移動してプレーしろとほかのプレーヤーが命令的にいうといった、命に関わるような危険なケース」などです。

　全ての愛好者が、ルールを正しく理解し、エチケットやマナーを守るというグラウンド・ゴルフの精神を大切にしてプレーしてほしいものです。

スタートマットを勝手に動かしてはいけません！

ほかの人のスイングなどで動いてしまったスタートマットを元の位置に直すときは
同伴プレーヤーの同意を得て行うのがエチケット。ホールポストも同じ扱い

2 ルールと解説

①エチケットに関するルールと解説

第1条　自分の打が終わったら速やかに移動

**同伴プレーヤーの打ったボールが当たらないように
安全に注意して移動！**

プレー後は速やかに移動し、
安全な場所で
次のプレーヤーのプレーを見る

> **＜第1条＞**
> プレーヤーは、自分のプレーが終わったら、すみやかに
> 次のプレーヤーの妨げにならない場所に行く。

　ボールを打つプレーヤーは、ゲームを円滑に進行できるよう、あまり時間をかけずにプレーします。また、同伴プレーヤーにボールやクラブが当たらないよう、左右や前後の安全確認をしてからプレーします。

　プレーが終わったら、次のプレーヤーに支障がない場所に速やか
に移動し、スコアを記入します。その後、次のプレーヤーの打った
ボールが当たらないように安全に注意してコースの外側を歩き、自
分のボールが見える位置に移動します。なぜなら、自分のボールと
ほかのプレーヤーのボールが当たったときに処理したり、ほかのプ
レーヤーのプレーの邪魔になる場合は自分のボールをマークして取
り除く必要があるからです。

第1打目は、プレーヤーが打ったボールやクラブが当たらない 安全な場所で順番を待つ！

安全な場所で待機する

安全のためにプレーヤーを見ている

第2条　打順を待つプレーヤーのエチケット

**同伴プレーヤーが打つときは
安全に配慮した位置で静かに見守る！**

同伴プレーヤーが打つときは
邪魔にならない場所で静かに見守る

前方にいると
危ないよ！

<第2条>
プレーヤーは、同伴のプレーヤーが打つときには、話したり、ボールやホールポストの近くやうしろに立たない。また、自分たちの前を行く組が終了するまで、ボールを打たない。

　プレーヤーは、アドレスに入ったときは、ショットやパットのイメージをつくるために集中しています。そのときに、同伴プレーヤーがワイワイ、ガヤガヤと話をしたり、プレーヤーの目の前を動いたりすると、プレーに集中できなくなります。プレーヤーがショットやパットをするときは、安全な場所で静かに待機しなければなりません。同時

に、プレーヤーのプレーを見ていて安全を確保することが大切です。

　また、自分のプレーの順番を待つプレーヤーは、安全面とプレーの邪魔にならないことに配慮し、スタートマットとホールポストを結ぶラインの上に立ってはいけません。

プレーヤーのショットとパットラインの
正面や真後ろに立ってはならない！

プレーをしようとする人の
後方に立ってはいけない

プレーをしようとする人の
前方に立ってはいけない

第3条　つくった穴の処理

- -

傷めたコースの修復は自分で行う！

傷めたコースの修復は
自分で行うのがエチケット！

<第3条>
プレーヤーは、自分の作った穴や足跡を直して行く。

　雨で地面が柔らかくなっているときや砂地などでは、ショットや
パットをしたときに足跡が深く残ったり、クラブヘッドで穴ができ
ることがあります。そんな場合、他プレーヤーのボールが穴にはま
らないように、傷めたコースは自分で直すのがエチケットです。

　大雨で地面が緩み、歩くたびに深い足跡ができるようなときは、
ゲームや大会は行わないと考えるべきでしょう。会場を使用した場
合は、後日、整備可能になってから修復しておくのがマナーです。
サークルなどで定期的に使用している会場は、使用後の整備はもち
ろん、除草作業やごみ拾いなどを計画的に行うのもマナーです。

②ゲームに関するルールと解説

第4条　ゲーム

<hr>

決められた打順にしたがってゲームを進める！

<第4条>
ゲームは、所定のボールをきめられた打順にしたがってスタートマットから打ち始め、ホールポスト内に静止した状態「トマリ」までの打数を数えるものである。

　ゲームや大会では、事前にどのような打順にするかを決めておき、その打順にしたがってプレーを行います。一般的に多く行われている方法は、固定式打順、ローテーション方式打順です。

　固定式打順では、決められた打順で1打ずつ順番に打ち、同伴プレーヤー全員がホールポストにホールイン「トマリ」するまで、打

順を変えずプレーを行います。全てのホールを同じ打順で回ります。

・固定式打順

１番目のホールの打順　　A→B→C→D→E→F

２番目のホールの打順　　A→B→C→D→E→F

以後のホールも同じ打順で進める

　　ローテーション方式打順では、決められた打順でスタートホールを始め、そのホールが終わるまで同じ打順でプレーします。そして、次のホールは、打順が１番目だったプレーヤーは最後に回り、打順が２番目だったプレーヤーが１番目に繰り上がってプレーします。以後のホールも、ひとつずつ繰り上げて行うローテーション方式の方法です。

・ローテーション方式打順

１番目のホールの打順　　A→B→C→D→E→F

２番目のホールの打順　　B→C→D→E→F→A

３番目のホールの打順　　C→D→E→F→A→B

以後のホールも同じ方法でローテーションして進める

　　このほかに、ひとりのプレーヤーがホールインするまで続けて打ったり、２打目以降を続けて打ったりする連打方式があります。この連打方式は身体的付加が大きく、禁止されています。体調が良くない人、高齢で速く歩けない人、障がいのある人など、さまざまな健康上の不安を持っている人が多いなか、命に関わるような重大な事故につながる可能性があるからです。グラウンド・ゴルフは楽しむために行うスポーツですから、ローカルルールであっても連打

方式は行わないようにしましょう。

　グラウンド・ゴルフのホールは、ゴルフのような穴ではなく、太さ直径6mmの金属線の輪（直径36cm）でつくられています。そのため、ボールがホールポストの外輪の真上に止まり、ホールポストに入ったかどうかの判断が難しいケースがあります。特に、芝の深いコースや雨で地面が柔らかい場合にときどき起こります。このとき、外輪の真上より内に止まったボールはホールインとみなし、ホールイン「トマリ」となります。自分で判断できない場合は、同伴プレーヤーと話し合って決めましょう。自分はホールインしていると思っても、同伴プレーヤーの同意を求めておきましょう。

ボールがホールポストの外輪の真ん中で止まった場合は ホールイン「トマリ」！

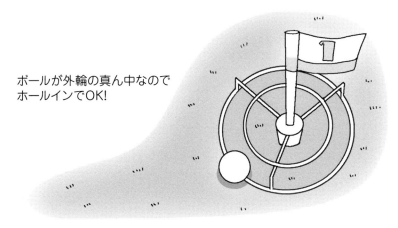

ボールが外輪の真ん中なので
ホールインでOK!

　プレーヤーは、ホールイン「トマリ」になったら、同伴プレーヤーに何打であったかを知らせて確認しておくことが大切です。スコア

が違うと指摘されるトラブルはよくあることなので、ホールごとに正確に確認しておく必要があります（P182、183の「スコアの記入の仕方とトラブル防止方法」を参照）。

ホールイン「トマリ」したら、同伴プレーヤーに何打かを確認する！

ホールイン「トマリ」したら、同伴プレーヤーに「3番3打」と確認しましょう

　プレーヤーは、原則として打順を間違えてはいけません。もし、うっかり打順を間違えた場合は、同伴プレーヤーと協議して許可を得た上で、次打から元の打順に戻すのがベストだと思います。しかし、同伴プレーヤーから正しい順番で打ち直すように求められた場合は、良いショットであっても打ち直さなければなりません。この場合は、罰打はありません。

　公式大会のときは、主催者が決めた打順方式で行います。

第5条　用具

- - - - - - - - - - - -

用具は決められたものを使用し、安全にプレーする！

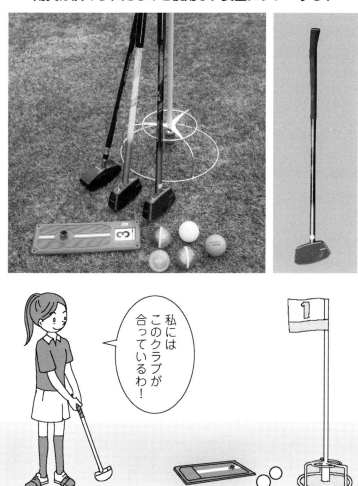

私には
このクラブが
合って
いるわ！

<第5条>
クラブ、ボール、ホールポスト、スタートマットは定められたものを使用しなければならない。

　公益社団法人日本グラウンド・ゴルフ協会が定めた用具標準規則の基準に適合した、安全な認定用具を使用しましょう。また、公式大会など、多くの大会では認定用具以外は使用できなくなっています。

第6条　ゲーム中の打球練習

ゲーム中には練習を行ってはならない！

ゲーム中の練習は禁止！反則で1打付加だよ

<第6条>
プレーヤーは、ゲーム中いかなる打球練習も行ってはならない。本条の反則は1打付加する。

　前のチームが移動するまでに時間があるので、ついつい練習パットを行ってしまうようなケースがあります。しかしながら、プレーヤーは、ゲーム中にはいかなる打球練習も行ってはならないのです。反則した場合、１打付加します。

　ゲーム中とは、プレーのためにコースに入ったときから、ゲームが終わってコースの外に出たときまでと考えれば良いでしょう。一般的には、１ラウンドが終わるまでを１ゲームと考えます。ゲームや大会のときは、同じグループのメンバーがプレーしている間はゲーム中であると考えれば良いのです。正式な大会では、打球練習を全面的に禁止している場合があるので注意しましょう。

　ただし、練習スイングはプレー中でも行って構いません。近くに人がいないか前後左右をよく確認し、安全に注意して行いましょう。プレー前の練習スイングは、時間をかけすぎないように注意しましょう。

第7条　援助
- - - - - - - - - - -

プレー中は、他者の援助やアドバイスを受けてはならない！

<第7条>
プレーヤーは、打つとき足場を板などで作ったり、人に支えてもらったりするなど、物的・人的な援助やアドバイス、あるいは風雨からの防護を求めたり、受けたりしてプレーしてはならない。本条の反則は1打付加する。

　ゲームや大会は、晴天のときばかりに行われるとは限りません。急に強い雨が降ったり、強風が吹いたり、日差しが強かったりと、プレーにとって良くない自然環境もあります。このような場合に、近くにある板や砂などを利用してスタンスの場をつくったりしてはいけません。そのほか、クラブヘッドを加工したり、携帯している距離計測器を使用したりするなど、物的な助けを得てはならないのです。

　また、ほかの人に傘を差してもらってプレーしたり、日差しよけや風よけの助けを得たり、自分のボールがホールインしやすくなるよう同伴プレーヤーにホールポスト近くのボールをマークしないことを頼んだり、打ったボールのコースを変えたり止めたりして自分に有利になるように頼んだりするなど、人的な援助を受けてはならないのです。

第8条　ボールはあるがままの状態でプレー

プレーに支障があるところにボールが入った場合でも、あるがままでの状態でプレー！コース内の障害物を取り除くことはできない！

障害物を取り除くのは反則！

✕ 刈る

✕ 折る

<第8条>
プレーヤーは、打ったボールが長い草や木のしげみなどの中に入ったとき、ボールの所在と自己のボールであることを確かめる限度においてのみ、これらのものにふれることができる。草を刈ったり、木の枝を折ったりしてプレーしてはならない。本条の反則は1打付加する。

　ホールポスト周辺やほかのプレーヤーがストロークするときに支障となる場合は、自主的にボールをマークして取り除くことが求められますが、そのほかのプレーでは、可能な限りボールに触れずに

打ち続けます。

　打ったボールが深い草の中に入ってしまい、次のプレーで容易に打てそうにない場合があります。このようなときに、例えば、スイングの練習をしているように見せかけてボール周辺の深い草を刈るのは反則行為となります。打ったボールが木の茂っている場所に入った際に、スイングの邪魔になるからといって木の枝を曲げたり折ったりすることも反則行為です。

　また、プレーに支障がありそうな小石、木の枝、虫類、動物のふん、スタート表示板なども障害物と見なされるので、取り除くことはできません。違反すると１打付加です。

第９条　ボールの打ち方

クラブとボールが離れた状態から打つ

ボールはクリーンヒットすること！

<第9条>
プレーヤーは、ボールを打つときはクラブのヘッドで正しく打ち、押し出したりかき寄せたりしない。本条の反則は1打付加する。ただし、から振りの場合は打数に数えない。

　ボールを打つときは、クラブのヘッドで正しく打ちましょう。「正しく打つ」とは、クラブのヘッドとボールが離れた状態から打つことであり、クリーンヒットすることです。ショットでもパットでもクリーンヒットした場合は、クラブヘッドとボールが当たった音がします。

「押し出したりかき寄せたりしない」とは、クラブヘッドとボールがくっついた状態でボールを移動させる打ち方をしないということであり、これには2度打ちも含まれます。ただし、から振りは、罰打なしでやり直すことができます。から振りでクラブヘッドがスタートマットに当たり、その衝撃でティーからボールが落ちた場合もから振りと

判断し、再度打ち直します。クラブがボールに触れて動いた場合は打ち直しできません。ボールが静止した位置から次の打を行います。

　また、ボールがベンチの下に入るなど、ショットが普通に打てない場合は、クラブヘッドの先端でビリヤードのように打つこともできます。その際、次のことに注意してください。「ボールはクラブヘッドの打面で打つこと、ただし、ホールポスト近くや狭い場所など止むをえない場合に限って、クラブヘッドのどこを使っても良い」と限定されています。

　ボールとホールポストを結ぶラインをまたぐようにしてパットするのは反則となります。なぜなら、押し出し、かき寄せ、2度打ちの可能性が高くなるためです。これらは反則で1打付加となります。

　ホールポストは3本の脚で支えられており、打ったボールがこの脚に接した状態で止まることがしばしばあります。このような場合、無理にホールインさせようとボールをクラブヘッドでかき寄せながらまわして引きずるような「回し打ち」は禁止されています。まずは正しく打ってボールを一度ヨコに出してから、次の打でホールインさせましょう。

回し打ちは、かき寄せや引きずりとみなされます！

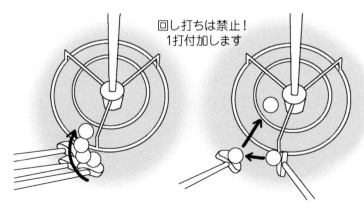

回し打ちは禁止！
1打付加します

第10条 紛失ボールとアウトボール

- -

紛失ボールやアウトボールの場合は、1打付加してプレーを継続する！

紛失ボールやアウトボールは
1打付加してプレーを継続！

<＜第10条＞
プレーヤーは、打ったボールが紛失したり、コース外に出た
ときは1打付加し、ホールポストに近寄らないで、プレー可
能な箇所にボールを置き、次の打を行わなければならない。

　打ったボールが、コース周辺の草むらや木が生い茂る林の中に
入って探してもボールが見つからない場合や、排水用の溝、深い穴、
池、小川などに入って次の打が打てない場合があります。

　このような場合は、ボールを見失ったり、ボールが落ちたりした
場所からクラブ1本分以内の距離に、代わりのボールを置いて打つ
ことが可能です。この際、ボールを置く位置はホールポストから離
れた方向であるとし、同伴プレーヤーの同意を得てから次のプレー

を行うことが大切です。また、１打付加してプレーを継続します。

　また、溝が傾斜していて落ちたボールが転がり移動した場合は、あくまでもボールが溝に落ちた場所を基点にして代わりのボールを置く位置を決めます。

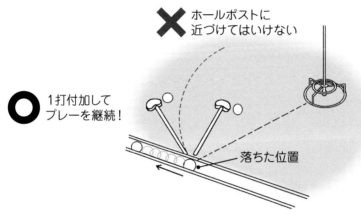

ボールが落ちた位置から傾斜でボールが動いた場合、
ボールが落ちた位置を起点としてプレーを再開する

　大きな大会では、接近するコースとコースの区分けを明確にするため、ＯＢラインが設定されているときがあります。このとき打ったボールがＯＢラインから出てしまったら、ボールが出た場所からボールを置く位置を決め、１打付加して次のプレーを行います。

　このようなケースに備えて、プレーヤーはあらかじめ予備のボールを用意しておきましょう。

第11条　プレーの妨げになるボール

- -

同伴プレーヤーの妨げになるボールはマークして取り除くこと！

ホールポスト近くのボールは自主的にマークして
取り除くのがエチケット

ボールの後方にマークしてボールを移動

> **＜第11条＞**
> プレーヤーは、プレーの妨げになるボールを、一時的に取り除くことを要求することができる。取り除くのは、ボールの持ち主であり、その際ホールポストに対して、ボールの後方にマークをして取り除かなければならない。

　ホールポスト近くのプレーでは、自分が打とうとする方向にほかのプレーヤーのボールがあってホールインが狙えなかったり、パットするとボールとボールが当たりそうだったりするケースが多くなります。

　ボールが当たりそうな場合、プレーヤーはボールの持ち主にボールを取り除くよう要求することができます。しかし、当然のことで

すが、ボールが当たりそうな場合は、ボールの持ち主が前もって自主的にマークして取り除くのがエチケットです。

　ボールをマークするとき、ボールに手が触れて動いてしまうことがあります。これを防ぐには、マーカーをボールの下の奥深くに差し込むのではなく、ホールポストとボールを結ぶ延長線上で、ホールポストに向かってボールの後方側に置くのが正しい方法になります。ボールを元に戻すときは同じ位置に戻すように注意しましょう。

マークしてボールを動かすときは正確に！

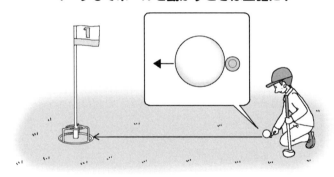

マーカーの位置は正確に！

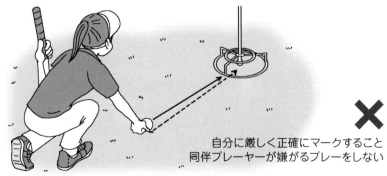

自分に厳しく正確にマークすること
同伴プレーヤーが嫌がるプレーをしない

　また、ボールがホールポストを通過することもあるため、打とうとするプレーヤーから見てホールポストの裏側（逆側）のボールも取り除く必要があります。ボールをそのままにしておくと、通過したボールが当たってホールインになる場合があったり、作戦として置いいたままにしたのではないかと同伴プレーヤーから疑われたりする可能性があるからです。

打てばボールが当たる可能性があるボールは全てマークする！

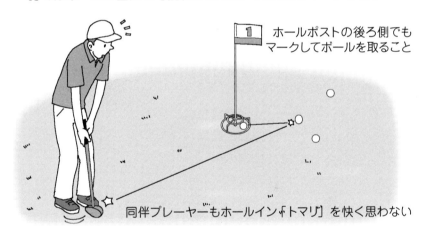

ホールポストの後ろ側でもマークしてボールを取ること

同伴プレーヤーもホールイン〔トマリ〕を快く思わない

　マークしてボールを取る頻度を少なくするためには、ホールポストの至近距離（ボールとホールポストとの間がクラブヘッドくらいの距離）にボールがある際は続けて打つ方法があります。ただし、同伴プレーヤーに「お先に失礼」といって打つのがエチケットです。
　ボールをマークして取り除くことができるのは、プレーの妨げになる場合のみです。ボールのラインを打つ方向に合わせる目的で

ボールを動かすのはルール違反です。なぜならば、第11条に「プレーヤーは、プレーの妨げになるボールを、一時的に取り除くことを要求することができる」、第８条に「ボールはあるがままの状態でプレー」とあるところから判断できるように、グラウンド・ゴルフのルール策定時から、ボールはあるがままの状態でプレーするという考え方を基本としているからです。

　雨の中でのプレーで水たまりにボールが入った場合も、その状態で続けてプレーします。どうしてもボールを打つことができない場合のみ、１打付加してプレーすることが許されます。

**ボールのラインを打つ方向に合わせるため
マークして動かすのはルール違反！**

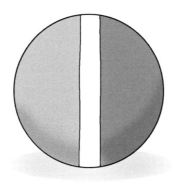

　また、強い雨などによってボールに土や木の葉がついてプレーに支障があると判断した場合は、同伴競技者や大会主催者に意見を求めて判断することが大切と限定されています。

第12条　ほかのプレーヤーのボールに当たったとき

**打ったボールが他者のボールに当たったときは、
当てたボールは止まった位置から次のプレー！
当てられたボールはボールの持ち主が元の位置に戻す！**

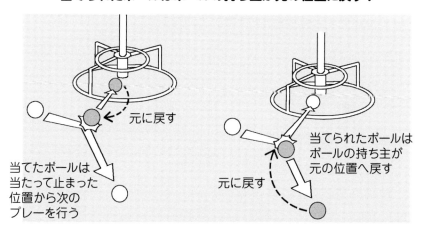

元に戻す

当てたボールは
当たって止まった
位置から次の
プレーを行う

当てられたボールは
ボールの持ち主が
元の位置へ戻す

元に戻す

<第12条>
プレーヤーは、打ったボールが他のプレーヤーのボールに
当たったときは、そのままボールの止まった位置からプ
レーを続ける。当てられたプレーヤーはもとの位置にボー
ルを戻さなければならない。

　ボールとボールが当たりそうな場合は、事前に自主的にボールを
マークして取り除くのがエチケットです。しかし、ほかのプレーヤー
のボールとかなり離れている場合でも当たるケースはあります。
　ボールとボールが当たったときは、当てた側のボールは当たって

ボールが止まった位置から次のプレーを行います。当てられた側は、ボールの持ち主が当てられる前の位置に戻してプレーします。ここで問題となるのは、当てられる前のボールの位置がどこであったかです。ボールが当たるのは瞬間的なことで、誰もが正確な位置を示すことができません。したがって、ボールの持ち主が元の位置を判断し、同伴プレーヤーの同意を求める対応がベストです。

　当てたボールがたまたまホールポストに入った場合は、ホールイン「トマリ」となります。当てられたボールがホールポストに入った場合は、ホールイン「トマリ」とはならず、元の位置に戻します。

第13条　止まったボールが風によって動いたとき

ボールが風によって動いた場合は止まった位置から次のプレー！

突風で動いたボールは
止まった位置から次のプレーを

ホールポスト近くのボールが
突風でホールインした場合は「トマリ」OK!

> **<第13条>**
> プレーヤーは、打ったボールが動いている間は、ボールを
> 打ってはならない。風によってボールが動いたときは、静
> 止した場所からプレーをし、動いてホールポストに入った
> 場合はトマリとする。

　考案当初のボールは木製だったので、重いボールと軽いボールの
ばらつきがありました。そのため、60ｇ程度の軽量ボールもあり、
少し強い風が吹くとボールが転び出し、なかなか止まらないような
ことがあったのです。1987年に樹脂製のボールができ、ボールの
重さが93ｇ程度で一定化され、強風でボールが動くことはほとん
どなくなりました。

　しかし、最近では、想像以上の突風が急に吹くような異常気象も
多く、「打とうとしたら、止まっていたボールが突風で動いた」と
いう場面に出くわすことがあります。このように、風によってボー
ルが動いた場合は、やむを得ないものとして、ボールが止まった位
置から次のプレーを行います。したがって、ホールポスト近くのボー
ルが風でホールポストに入った場合は、ホールイン「トマリ」と認
められるのです。

第14条　第1打がホールポストに入ったとき

ホールインワンは合計打数からマイナス3打！

ホールインワンだ！
打数がマイナス3になる

> **＜第14条＞**
> プレーヤーは、打ったボールが1打目でトマリになったとき（ホールインワン）は、合計打数から1回につき3打差し引いて計算する。

　ホールインワン「トマリ」は、グラウンド・ゴルフの大きな魅力です。あくまで「1打」ですから、スコアカードには1と書き込みます。そして、合計打数から3打引いて計算します。ホールインワンが2回あれば、マイナス6ということです。

　ホールインワンのメリットが大きすぎるという意見が多くあるのですが、マイナス3打のルールを採用したのは、逆転のチャンスを残して最後までプレーをあきらめない、という趣旨からです。

第15条　ゲーム中の判定

ゲーム中の判定はプレーヤー自身が行う！
判断できない場合は同伴プレーヤーの意見を求める！

> **＜第15条＞**
> ゲーム中の判定はプレーヤー自身が行う。ただし、判定が
> 困難な場合は同伴プレーヤーの同意を求める。

　グラウンド・ゴルフは、審判員を置かずにプレーを行います。プレーの判定はプレーヤー自身が行い、判断に困る場合は同伴プレーヤーの判断を仰ぎます。自己審判、相互審判でゲームを進めるのです。大きな大会では記録員を配置することがありますが、記録員は、あくまでも正しいスコアを記録する立場で、審判員的な役割を行うことはできません。ただし、プレーメンバー間では判断が困難な場合に、第三者として意見を求めることは可能です。

第16条　標準コース

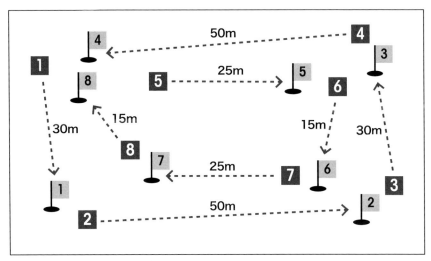

標準コースは、あくまでも目安となるように設けられたもの

> **＜第16条＞**
> 標準コースは、50m、30m、25m、15m 各2ホールの合計8ホールで構成する。

　標準コースは、学校の校庭を使用することを念頭に標準的に設けられたコース設定です。したがって、コースを設ける際は、プレーする場所の環境、人数、技能に応じ、難易度などの条件を考慮して、適切に設定すれば良いのです。ただし、ルールで定められているコースの距離と１ラウンド８ホールの数は守らなければなりません。

コース設定上の注意事項！

●ホールポスト

ホールポストは、プレーヤーが打つ方向（スタートマットがある方向）にホールポストの脚が開いた状態にセットします。

●草や芝を整備

ホール部分（底円）が砂や草などで埋まらないように、注意してセットします。草や芝はあらかじめ整備しておきましょう。

●風が強いとき

風が強いときには、U字型のピンを底円の風上の方向に1本打ち込んでおくと、ホールポストが倒れません。ポール下部につける専用のおもりもあります。

●スイングの際の危険防止

第1打を集中して打てるように、スタートマットの周りにサークルをつくる（直径2mの線を引く）ことがあります。

●安全性などのために

ゲームの安全性や他チームのプレーの邪魔にならないようにすることを考え、近接するスタートマットとホールポストとの間は、5m以上の距離を空けましょう。

3 スコアと順位

①順位の決め方

　個人戦の場合は、各プレーヤーの総打数を合計し、合計打数の少ないプレーヤを上位とします。合計打数が同じときは、ホールごとの記録を見て、最少打数の多いプレーヤーを上位とします。
　団体戦の場合は、チーム内の全プレーヤーの総打数を合計して、合計打数の少ないチームを上位とします。合計打数が同じときは、プレーヤーごとの記録を見て、最少打数者が多いチームを上位とします。

個人戦の例

例1

A	2打2回、3打2回、4打2回、5打2回	合計28打
B	3打5回、4打2回、5打1回	合計28打

⇒最少打数" 2打"を打ったAさんの勝ち

例2

A	2打2回、3打5回、4打1回	合計23打
B	2打3回、3打3回、4打2回	合計23打

⇒最少打数" 2打"を打った回数の多いBさんの勝ち

例3

A	2打2回、3打4回、4打1回、6打1回	合計26打
B	2打2回、3打2回、4打3回、4打1回	合計26打

⇒最少打数" 2打"の回数は同じ。次に少ない" 3打"の回数が多いAさんの勝ち

例4

A	2打3回、3打2回、4打2回、5打1回	合計25打
B	1打1回、3打2回、4打4回、5打1回	合計28打 ー 3打 =25打

⇒最少打数"1打"（ホールインワン）のあるBさんの勝ち

団体戦の例

例1

A	1	2	3	4	5	6	合計151打
	19	25	27	27	30	23	
B	1	2	3	4	5	6	合計151打
	30	16	25	22	27	31	

⇒最少打数"16打"を打ったプレーヤーがいるBチームの勝ち

例2

A	1	2	3	4	5	6	合計153打
	16	25	27	31	32	22	
B	1	2	3	4	5	6	合計153打
	30	16	27	23	26	31	

⇒最少打数"16打"を打った人数は同じ。次に少ない
　"22打"を打ったプレーヤーがいるAチームの勝ち

②スコアの記入の仕方とトラブル防止法

　スコアは、それぞれのプレーヤーが各自でスコアカードに記入します。一番正確な仕方は、一打ごとに正の字で記入し、ホールインした時点で自分が何打でホールインしたかを同伴プレーヤーに知らせて記入する方法です。

　そうすれば、後でクレームがついても自信を持って正確であるとアピールできます。ホールごとにスコアを確認せずに、１ラウンドが終了したときにクレームがついても、どちらが正しいのか明確にできず、お互いに気まずくなってプレーが楽しくなくなります。悪意はなくても、勘違いは誰にでもあります。打数を間違えることはあるのです。その場で確認して解決しておくことが最も大切です。

　また、記録員がいる大会で自分のつけたスコアと記録員がつけたスコアが食い違い、トラブルになることがあります。そのようなトラブルを防ぐためにも、ホールインした時点で、例えば「ホールイン　トマリ　３打」と同伴プレーヤーと記録員に申告しておきます。そうすれば、記録員と自分とでスコアが違っていても同伴プレーヤーが覚えているので、どちらが正しいかが明確になり、険悪なトラブルを防ぐことができます。

　スコアのトラブルをなくすためには、同伴プレーヤーと記録員でホールごとにスコアを確認し、そこでスコアの違いがあれば、同伴プレーヤーで話し合って正しいスコアに修正します。このように、スコアの違いの問題は、次のホールに行くまでに同伴プレーヤーと協議して解決しておくことが重要です。プレーヤーがお互いに気持

ち良くプレーを楽しむことができるよう心掛けましょう。

スコアカードの例

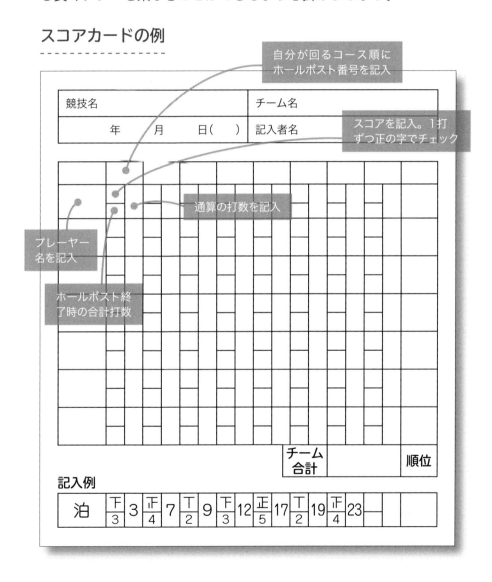

③ホールインワンの処理

　１打目でホールイン「トマリ」となったとき（ホールインワン）は、そのプレーヤーの合計打数から最後に３打差し引いて計算します。１ホールインワン「トマリ」につき、マイナス３です。大会などで集計するときは、ホールインワンを見落とすことがあるので、丸印やマーカーでわかりやすくしておくと見落としを防げます。

スコアカードの記入例

ホールポスト番号	1	2	3	4	5	6	7	8	順位
氏名A	2	5	8	10	11	15	18	(21) 18	
氏名B	2	3	6	8	10	14	15	(17) 11	

・Aさんは５番ホールポストでホールインワンをしたので、21－3＝18。合計打数は18となる。
・Bさんは２番と７番ホールポストでホールインワンをしたので、17－（3×2）＝11。合計打数は11となる。

グラウンド・ゴルフでは、１ホールインワンにつき、合計打数から３打マイナスして計算する

4 困ったときのQ&A

①ボールを打つとき

Q1 ほかのプレーヤーのボールを間違えて打ってしまった場合は、どうすればいいですか。

A 同じような色のボールがあるので、ついつい間違えて打ってしまいます。そういった場合は、動物がボールを動かしたときと同様で、ボールの持ち主が元の位置に戻します。間違えたプレーヤーは自分のボールを打ち直します。1打付加はありません。

Q2 ボールをスタートマットの上に置いてスイング練習をしていたら、クラブが当たってボールが動いてしまいました。ボールを元の位置に戻して打ち直すことはできますか。

A スイング練習をしているときに誤ってクラブとボールが接触してボールが動いた場合は、打つ意志があるなしにかかわらず、打ったとみなされます。ボールが動いて止まった位置から、次の打を打ちます。

あっ！練習のつもりだったのに…

Q3 １打目をから振りして、ボールがスタートマットから落ちた場合、打ち直しをすることはできますか。

A 風圧でボールがスタートマットから落ちたり、クラブがスタートマットに当たった衝撃でボールが落ちた場合は、クラブにボールが当たっていないので、ボールをスタートマットに再度置いて打ち直すことができます。１打付加はありません。

Q4 ホールポストとボールを結ぶラインをまたぐようなフォームで打ってもいいですか。

A ホールポストとボールを結ぶラインおよびその延長線上をまたいで打つフォームは、引きずるように打つ可能性が高いことから認められていません。押し出し、かき寄せ、すくい上げを避けるため禁止されています。違反した場合は、１打付加します。

ホールポストとボールを結ぶ
線をまたいで打つのは反則

違反したら1打付加

Q5 ボールが長椅子や台の下に入って、普通のパットやショットができないときは、クラブヘッドの裏面で突くように打ってもいいですか。

A ボールは必ずクラブヘッドの打面で打つこと。ただし、ホールポスト近くや狭い場所など、やむを得ない場合に限って、クラブヘッドのどこを使って打っても良いと決められています。その際、ボールとクラブヘッドが離れた状態でヒットします。また、ホールポストとボールを結ぶ延長線上をまたぐようなフォームで打つことは反則となり、1打付加となります。グラウンド・ゴルフのエチケットを大切にする意味で、地面に膝をついたり、腹ばいになって打つことはやめましょう。

ヘッド部分だけで打つこと

②打順について

Q6 公式大会の打順は、プレーヤーが自由に決めてもいいのですか。

A 主催者が決めた方法で行ってください。大会ごとに配付される資料に、打順についても記載されているので、あらかじめ確認しておきましょう。

Q7 打順を間違えて打ってしまったら、どうすればいいですか。

A 打順の方式が複雑なときなどに、うっかり打順を間違えて打ってしまうことがあります。その場合、同伴プレーヤーが認めれば、次の打から元の打順に戻します。ただし、同伴プレーヤーから打ち直しを要求されたら、たとえホールインワンでもボールを元の位置に戻し、正しい打順でプレーをやり直さなくてはなりません。この場合、１打付加はありません。

Q8 ホールポストに近づいたボールは、打順にかかわらず、続けて打ってもいいですか。

A ボールがクラブヘッドの長さくらいの距離までホールポストに近づいた場合は、続けて打つことができます。マークするなどの時間を省くことができ、プレーが早く進みます。ただし、同伴プレーヤーに「お先に失礼します」と断ってから打つのがエチケットです。

③ボールを打ったあと

Q9 打ったボールが、ほかのプレーヤーのボールにたまたま当たってホールイン「トマリ」した場合は、どう判断したらいいですか。

A 打ったボールが、ほかのプレーヤーのボールに当たってホールポストの中に入って静止した場合は、ホールイン「トマリ」が認められます。当てられたボールの持ち主は、ボールを元の位置に戻します。このようなことが起きないように、ボールとボールが当たりそうな場合は、事前にマークしてボールを取り除いておくべきです。

Q10 当てられたプレーヤーのボールがホールイン「トマリ」した場合は、どう判断したらいいですか。

A ほかのプレーヤーの打ったボールが当たってホールイン「トマリ」した場合は、ボールの持ち主が元の位置にボールを戻します。ホールイン「トマリ」は認められません。

Q11 打ったボールが人に当たってしまったら、どうすればいいですか。

A 打ったボールがほかのプレーヤーや見学者などに当たった場合は、小石などの障害物と同じ扱いになり、ボールが止まった位置から次のプレーを行います。

Q12 犬や鳥などがボールを動かしてしまったら、どうすればいいですか。

A 動物がボールを動かした場合は、ボールの持ち主が元の位置にボールを戻してプレーします。動物でなく、人が不注意で動かしてしまった場合も同じ扱いです。

元の位置に戻してからプレーする

Q13 ホールインワンしたボールをホールポスト近くにいたほかのプレーヤーがたまたま拾い上げてしまいました。時間の節約にもなっていいことだと思いますが、いいでしょうか。

A 自分のボールは、自分で移動させることが原則です。したがって、ホールインワンしたボールはプレーヤー自身が拾い上げなければならないと考えるべきでしょう。ほかのプレーヤーのボールを勝手に移動させてはならないのが原則です。

あっ、それは私のボールです！

Q14 打ったボールやクラブが強く当たってホールポストが動いてしまったら、どうすればいいですか。

A ボールが強く当たるなどしてホールポストが動いてしまった場合は、元の状態に戻します。その際、正確に元の位置に戻すのは難しく、戻し方によっては以前より不利な状態になるプレーヤーが出ることも考えられます。ですから、必ず同伴プレーヤーで協議して戻すことが必要です。特に

192

注意すべきは、最後のプレーヤーがホールポストを動かした場合に、放置したまま次のコースへ移動してしまうことです。次のチームが迷惑を被ることになります。次のコースへ移動するときは、必ずホールポストを元の位置に戻してから移動しましょう。事前に動かないように固定しておくのが基本です。ちなみにスタートマットも同じ扱いです。ルールの第8条に「ボールはあるがままの状態でプレーする」とあるので、ホールポストも同様に、動いても元に戻さずにそのままプレーするのが正しいと考える人がいるようですが、第8条はボールの移動について記されたものです。ホールポストが動いたときに元の位置に直すことを制限するものではありません。

④ボールとクラブの交換

Q15 プレー中にボール交換をしたいのですが、次のどの解釈が正しいでしょうか。（1）1ホール内で何回でも交換できる。（2）ホールごとに交換できる。（3）1ラウンド終了すれば交換できる。

A 一般的には、ボールが破損した場合や草むらの中に入って所在がわからなくなった場合などを除き、全てのプレーを同じボールで行います。しかし、その日のコンディションに応じてボールを交換したいと思うこともあるでしょう。その場合は、1ラウンド終了すれば交換できます。クラブの交換も同じ考え方です。

Q16 プレー中に割れるなど、ボールが傷ついてプレーに支障を
きたす場合はどうすればいいですか。

A ボールが破損した場合、新しいボールに交換し、破損した
ときに打った位置から打ち直しをします。このような事態
に備えて、あらかじめ交換用のボールを用意しておきましょ
う。1打付加はありません。

ボールを交換して
元の位置から打ち直し

⑤クラブの加工

Q17 クラブのグリップが滑ります。グリップのテープを貼り替
えるなど滑らないようにしてもいいでしょうか。

A グリップが滑るようであれば、貼り替えを行って構いませ
ん。

Q.18 自分の使い勝手に合わせて、クラブのシャフトの長さを短くすることはできますか。

A 用具標準規則の基準を満たしていれば、問題ありません。クラブの全長は「50㎝以上100㎝以下」と決められているので、この範囲内であれば、短くすることができます。

Q.19 クラブヘッドの部分に薄いゴムやスポンジを貼って加工してもいいでしょうか。

A クラブヘッドの加工は、用具用品規則に違反します。したがって、加工したクラブは大会では使用できません。

⑥そのほかの判断

Q.20 大会で記録員がスコアをつけていることが多いのですが、記録員の役割と権限について教えてください。

A 記録員の役割と権限は各大会で違うと考えられますが、ルールには「プレー上の判断は、第1にプレーヤー自身が判断する。第2にプレーヤーが判断できない場合は同伴プレーヤーの同意（協議も含む）を求める」とあります。ですから、記録員の役割は、正確なスコアを記録することです。グラウンド・ゴルフのゲームは審判員を置かないというのが、基本的な考え方です。記録員にプレー中のルールを判断する権限はありません。

Q21 ボールを打とうとするコースが傾斜していて打ちにくい場合は、コース上に目印を置いてもいいですか。

A 打つコースの目印として、地面にある小石や落ち葉を動かしたり、新たに目印となる物を置いたりしてはいけません。ただし、元からある小石などを目標に定めるのは差し支えありません。違反した場合は、１打付加します。

Q22 作戦として、ホールポスト近くの同伴プレーヤーのボールを取り除かないように要求することはできますか。

A 自分のボールをホールイン「トマリ」させるために、または優位な位置に停止させるために、ほかのプレーヤーのボールを意図的にクッションに利用する目的で、ボールを取り除かないように要求することはできません。違反した場合は、１打付加します。ホールポスト近くのボールはマークして事前に取り除くことが、トラブルを防ぐ方法です。

※ルールや用具に関するＱ＆Ａについては、全国のグラウンド・ゴルフ愛好者からの多くのご質問に答えた『知っておきたい！グラウンド・ゴルフ　ルール編』に詳しく掲載しています。ご一読いただくことをおすすめします。

※ルールやＱ＆Ａについては、公益社団法人日本グラウンド・ゴルフ協会発行の『グラウンド・ゴルフルールブック』が最新であることを申し添えておきます。

【著者プロフィール】

朝井正教（あさい・まさのり）

　鳥取県出身。鳥取県の小学校・中学校の教員として勤務する。その間、1981年から3年間、泊村教育委員会に社会教育主事として県から派遣され、グラウンド・ゴルフの考案に携わる。1982年7月1日から21年間、日本グラウンド・ゴルフ協会ルール等委員会委員を務める。1990年4月1日から鳥取県教育委員会事務局に14年間勤務。その間、体育保健課指導主事、生涯学習センター係長、生涯学習課長、中部教育事務所長を務める。2004年4月1日から2012年3月31日まで鳥取県の公立中学校校長を務める。その後、株式会社朝井を設立。室内でも屋外と同じ距離感覚でプレーできるグラウンド・ゴルフ用具、安心安全な介護福祉スポーツ用具の普及に努めている。

＜主な功績と役職歴＞
　1984年　鳥取県泊村長から感謝状受賞
　1988年　鳥取県中学校体育連盟理事長、中国中学校体育連盟理事長、日本中学校体育連盟評議員、1989年度全国中学校選抜体育大会開催時の中国地区および鳥取県の理事長を務める
　1989年　財団法人日本中学校体育連盟会長から感謝状受賞
　1991年　鳥取県中学校体育連盟会長から感謝状受賞
　1993年　日本グラウンド・ゴルフ協会長から表彰状受賞
　2003年　社団法人日本グラウンド・ゴルフ協会長から表彰状受賞
　2004年　倉吉税務署長表彰受賞
　2006年　鳥取県教育審議会委員
　2010年　鳥取県中学校校長会長、全日本中学校校長会理事
　2011年　文部科学大臣表彰（教育者表彰）受賞

【モデルプロフィール】
奥山菜々（おくやま・なな）

　株式会社スターダストプロモーション所属。東京都出身。女優としてテレビ、舞台、映画などで活躍中。近年では、ＮＨＫ連続テレビ小説「まれ」、ＮＨＫ大河ドラマ「軍師官兵衛」、ＮＨＫ「総合診療医ドクターＧスペシャル」などに出演した。モデルとしてさまざまな企業ＣＭに登場。また、ラジオのレポーター、雑誌や書籍のモデルなど、多岐にわたって活動している。

グラウンド・ゴルフ場の紹介

堺町ふれあいの里グラウンド・ゴルフ場のコース。16ホールの起伏コース、8ホールの平坦コースがある。

堺町ふれあいの里
所在地：茨城県猿島郡境町大字栗山815
憩の家：TEL0280-81-1023　　FAX0280-81-1024

決定版！
実戦で役立つグラウンド・ゴルフ

2020年8月31日　第1版第1刷発行

著　者　朝井正教
発行人　池田哲雄
発行所　株式会社ベースボール・マガジン社
　　　　〒103-8482　東京都中央区日本橋浜町2-61-9 TIE浜町ビル
　　　　電話　03-5643-3930（販売部）
　　　　　　　03-5643-3885（出版部）
　　　　振替口座　00180-6-46620
　　　　http://www.bbm-japan.com/
印刷・製本　共同印刷株式会社

©Masanori Asai 2020
Printed in Japan
ISBN978-4-583-11292-3　C2075